Process Com®
pour les managers
Manager sans stress et booster ses équipes

Groupe Eyrolles
61, bd Saint-Germain
75240 Paris cedex 05

www.editions-eyrolles.com

Ouvrage réalisé sous la direction d'Isabelle Martin-Bouisset, agent éditorial
isabelle.martinbouisset@cabinet-imb.fr
www.grandir.fr
Cet ouvrage a fait l'objet d'un reconditionnement à l'occasion de son troisième tirage (nouvelle couverture).
Le texte reste inchangé par rapport au tirage précédent.

ISBN : 978-2-212-55807-4

Christian Becquereau

Process Com®
pour les managers

Manager sans stress et booster ses équipes

Deuxième édition

Préfaces de Gérard Collignon et de Jean-Pierre Letartre

Troisième tirage 2014

EYROLLES

SOMMAIRE

Deuxième partie
For managers only

Troisième partie
Process Com en pratique

Préface de Gérard Collignon

Process Com pour les managers, manager sans stress et booster ses équipes a été publié la première fois l'année où nous fêtons les 20 ans du démarrage de la Process Com en France. 20 ans, c'est un bon moment pour faire un bilan. Aujourd'hui, environ 100 000 personnes, pour la plupart des managers, ont suivi une formation à la Process Communication. En 2007, ils étaient plus de 10 000. C'est-à-dire que chaque jour, quelque part en France, un séminaire Process Com se déroule. C'est pour nous, l'équipe des « anciens », une grande joie et une grande fierté.

En 20 ans, le modèle a été largement acculturé ; il y a une véritable école de la Process Com en France, qui est incontestablement le pays où, toutes proportions gardées, le modèle est le plus connu et reconnu.

Christian Becquereau s'est lancé dans l'aventure de la Process Com il y a bientôt 15 ans. Il contribue largement avec son équipe à la diffusion de celle-ci en France et à l'étranger. Il a une grande expertise dans l'enseignement du modèle et est à l'origine de la création d'outils pédagogiques qu'il présente ici dans son ouvrage.

Même si Christian, dans celui-ci, ne fait pas référence à tous les fondamentaux de la Process Com, c'est toujours dans le but de la rendre immédiatement appropriable par le manager qui souhaite acquérir le maximum d'outils pragmatiques et opérationnels en un temps minimum.

J'ai quant à moi beaucoup apprécié l'implication personnelle dont fait preuve Christian en partageant son itinéraire professionnel et personnel à la lumière du modèle.

Je souhaite que le lecteur trouve dans cet ouvrage, à travers l'entraînement très pratique proposé par l'auteur, l'usage qu'il peut en faire au quotidien dans la gestion des relations humaines, pour comprendre certaines situations difficiles et élaborer les réponses appropriées.

Gageons qu'alors que nous sommes de plus en plus interpellés par les effets toxiques du stress professionnel sur la santé, la qualité de vie et la performance des collaborateurs, ce livre offrira des pistes de réflexions et d'entraînement pour que performance rime avec bienveillance et que challenge ne soit pas forcément synonyme de souffrance.

Merci à toi Christian d'apporter par ton témoignage ta contribution au développement et à la notoriété de la Process Communication.

Gérard Collignon
Responsable de Kalher Communication France

Préface de Jean-Pierre Letartre

Une présentation de Process Com (PCM) orchestrée par Christian Becquereau, ami de longue date, a été faite dès 1998 auprès d'un groupe d'associés provenant de cabinets et de métiers différents (commissaires aux comptes, avocats, conseils).

Curieux de découvrir que la communication interpersonnelle pouvait être une technique qui s'apprend comme toute expertise, ils furent partants pour entamer une formation. Cette formation réunissait deux équipes qui venaient tout juste de fusionner. Leur capacité à collaborer tout de suite ensemble nous a incités à déployer un programme plus important associant la formation Process Com et le coaching.

Réussir à ce que de grands experts dans leurs domaines communiquent mieux entre eux, avec Process Com, participe à élever nos niveaux d'interventions pour la satisfaction de nos clients.

Ce programme, *Process Com pour les managers, manager sans stress et booster ses équipes* donne des résultats qui me permettent de dire à quel point la communication interpersonnelle améliore les capacités managériales des managers.

Je suis heureux que Christian, en écrivant ce livre, ait matérialisé son travail de recherche sur l'application de Process Com au management et de penser que de nombreux managers pourront en apprécier les bénéfices en termes de relations et de réussites professionnelles.

Jean-Pierre Letartre
Président-directeur général de Ernst & Young

AVANT-PROPOS

Réussir plus facilement chaque année !

Les défis du manager d'aujourd'hui

Le système économique est tel qu'il faudra toujours produire plus chaque année. À défaut de disposer de moyens spécifiques pour réussir plus facilement, le manager doit puiser dans les ressources de sa vie privée : loisirs, famille, repos, etc. Cet engrenage a une fin où tout le monde est perdant : le manager, ses collaborateurs et l'entreprise.

Si le manager veut une performance durable, il doit trouver impérativement des moyens de réussir chaque année plus facilement.

Qu'allez-vous trouver dans ce livre ?

Les développements présentés dans ce livre, élaborés à partir du modèle Process Com®, ont pour objectif de réussir plus facilement chaque année. À partir de ces développements, des milliers de managers réussissent plus facilement chaque année en les mettant en œuvre. Notamment :

- ➢ en fonctionnant toujours mieux avec leur hiérarchie ;
- ➢ en étant capable de mobiliser un réseau plus large ;
- ➢ en étant capable de manager des profils différents ;
- ➢ en acquérant une nouvelle compétence : « manager le stress ».

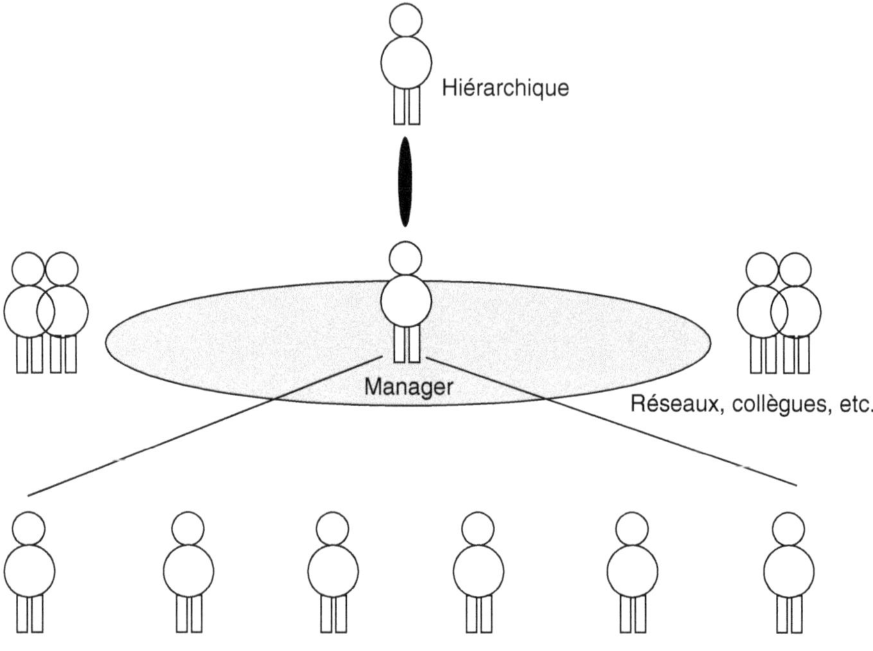

Avec qui utiliser Process Com dans sa version développée pour les dirigeants ?

En quoi votre hiérarchique contribue-t-il à ce que vous réussissiez plus facilement ? Sacrée question, non ? Cette question laisse souvent pantois les managers que nous rencontrons en coaching. Dans le meilleur des cas, leur manager ne sert à rien. Au pire, c'est un empêcheur de tourner en rond. Le job serait plus facile sans lui…

Avec Process Com, faites que votre hiérarchique contribue à faciliter votre réussite. Améliorez votre fonctionnement avec lui en améliorant votre relationnel et en baissant le niveau de stress.

De par sa situation dans l'organigramme, le hiérarchique dispose d'une vue plus large que celle de son collaborateur. En effet, notre hiérarchique manage plusieurs autres collègues, eux-mêmes managers. Ensuite, il est plus proche de la direction, c'est-à-dire qu'il est plus imprégné de la stratégie et de la dimension politique que porte une direction.

Comment mobiliser ses réseaux avec Process Com ?

Plus l'entreprise est grande, plus le manager a intérêt à avoir un excellent relationnel avec le plus grand nombre, qu'il s'agisse de ses collègues ou des managers d'autres services. La mobilisation de la bonne personne peut résoudre une difficulté ou faire avancer un projet auquel le manager ou un de ses collaborateurs est confronté.

Dans une petite société, un meilleur relationnel avec ses collègues, des fournisseurs ou des réseaux externes est toujours un facteur facilitant la réussite.

Nous ne choisissons que rarement nos collaborateurs. Les managers savent que le recrutement est une science inexacte… Alors, nous nous retrouvons régulièrement dans notre équipe avec l'affreux petit canard, celui avec qui rien ne va, qui nous consomme du temps, de l'énergie, etc. Process Com permet de constater, le plus souvent, que la personne n'est qu'en stress, malheureuse ou que la peur l'a gagnée. Cette constatation change tout.

En effet, en face de nous ce n'est plus le « sale c… », mais un collaborateur qui est mal. Il suffira d'identifier le profil de notre interlocuteur pour faire du Process Com et faciliter sa sortie de stress.

Manager le stress, une compétence pour le manager

Vouloir « réussir chaque année, plus facilement » en faisant l'impasse de manager le stress, c'est mission impossible. Qu'il s'agisse de notre stress, de celui des nos collaborateurs et même de celui de « tous » nos interlocuteurs, le stress atteint chaque jour tout le monde.

Le stress est la cause d'un tel mal-être qu'il est l'un des facteurs majeurs de la non performance. C'est donc un sujet qui concerne au premier chef le manager et le dirigeant. Pas question d'abandonner ce domaine à des spécialistes. Savoir manager le stress est devenu une compétence du manager.

Mais au fait, quel manager ou dirigeant sait parler, durant une demi-heure, du stress et de modes opératoires simples pour combattre ce fléau de la performance et du bien-être ?

Process Com décrit 18 niveaux de stress identifiables et propose les mécanismes appropriés pour le manager pour favoriser la sortie de stress.

Être un Jimmy Connors ?

Il est admis qu'à compétences et implication égales, un manager qui sait communiquer avec le plus grand nombre réussit mieux et plus facilement. C'est pourquoi tout manager a intérêt à améliorer sa capacité à communiquer avec son environnement.

Le parti pris de ce livre est de ne s'adresser qu'aux managers et de leur faire découvrir comment le modèle Process Com leur permettra de :

- ➢ collaborer avec un panel plus large de personnalités ;
- ➢ se sortir plus aisément des conflits ;
- ➢ dénouer certaines situations bloquées ;
- ➢ retrouver l'envie de collaborer avec des interlocuteurs.

Le but de ce livre est qu'à l'issue de sa lecture le manager ait les éléments pour répondre aux questions suivantes :

- ➢ est-ce que ce modèle semble pertinent ?
- ➢ est-ce qu'il peut m'aider à mieux comprendre, et plus vite, les communications qui ne me conviennent pas ?
- ➢ est-ce que cet outil peut m'aider à élever mon niveau de communication avec un nombre plus grand d'interlocuteurs ?
- ➢ est-ce que je décide de me former à Process Com ?

Durant l'été 1992, un ami m'annonce qu'il a créé sa société de formation. Au cours du déjeuner, je lui avoue que je ne suis pas satisfait de ma relation avec une partie des acteurs de ma maison mère. Bien que les résultats des deux filiales que je dirige m'autorisent à faire l'impasse sur ces relations, cela ne me convient pas. C'est comme si je venais d'une autre planète : le mode de fonctionnement de mes interlocuteurs m'échappe. Ne pas arriver à communiquer avec toute une catégorie identifiée de gens me paraît être une carence managériale à combler.

Je décris mes interlocuteurs comme n'étant que dans l'instant, jamais vraiment sérieux, s'amusant du dernier gadget marketing qu'ils ont créé, etc. Leur réussite est un mystère pour moi. De mon côté, je présente ma vision pour les années à venir, et je vois bien que je n'emporte pas les foules… Je perçois même qu'ils me craignent. Cette crainte crée une distance qui me fait souffrir. Les soirs des comités de direction, ils partent en goguette et ne m'invitent pas. Je refuserais… mais je suis blessé de cette situation.

Guy dessine l'immeuble Process Com et identifie mes interlocuteurs comme étant du profil Rebelle, l'un des six profils Process Com que nous découvrirons dans ce livre. J'étais loin d'imaginer le fonctionnement du profil Rebelle avec lequel j'étais incapable de communiquer.

En janvier 1993, j'ai suivi une formation Process Com de base, bien décidé à communiquer avec une nouvelle partie de la planète.

Les managers n'ont pas attendu Process Com pour communiquer, manager, obtenir des résultats, aligner des performances et même aider leurs collaborateurs à grandir. Alors, qu'attendre du modèle Process Com ? Faisons un parallèle avec le tennis.

Dans la génération des tennismen des années 1970-1980, chaque grand joueur avait un point fort extraordinaire qui faisait la différence sur le court. Ilie Nastase était capable de coups de poignet imprévisibles, Arthur Ashe délivrait des lobes redoutables, Björn Borg avait un jeu de fond de court fabuleux, le service de John McEnroe transperçait ses adversaires, etc. Rares étaient les grands champions à posséder un niveau équivalent dans toutes les phases de jeu (c'était peut-être le cas de Jimmy Connors). Aujourd'hui, en revanche, les grands champions n'ont plus de domaine de jeu (relativement) faible.

S'il est bien une « phase de jeu » sur laquelle le manager ne peut pas faire l'impasse, c'est le relationnel. Même un manager performant, qui estime avoir une bonne relation avec tout le monde, trouvera profit à maîtriser un modèle de communication. Il pourra augmenter sa capacité à communiquer avec un nombre toujours plus grand de profils de personnalité différents. Nous verrons aussi comment « manager le stress » de ses collaborateurs.

Être un manager motivant !

Il arrive de croiser un manager qui affirme qu'il n'a aucun problème de communication avec qui que ce soit et qu'il se débrouille très bien sans Process Com. Nous lui accordons ce crédit… et lui proposons de prendre le sujet sous un autre angle : est-ce que ses collaborateurs sont tous motivés à l'idée de travailler avec lui ?

Comme le dit Béatrice Bailly dans son livre *Enseigner : une affaire de personnalité* : « Dès le premier jour de la rentrée, les écoliers ont leur idée sur chacun de leurs profs. » La motivation sera là avec certains professeurs, absente avec d'autres, et les notes refléteront ces préférences…

Il est réaliste d'admettre que certains de nos collaborateurs sont motivés à l'idée de travailler avec nous, et d'autres moins, ou pas. La performance s'en ressent, tout comme pour les écoliers. Il y a fort à parier que l'origine est à chercher du côté de la *compatibilité des profils de personnalité*. Justement ! En pratiquant Process Com, le manager va améliorer ce niveau de compatibilité et générer chez ses collaborateurs une plus grande envie de travailler avec leur manager. C'est un gage de performance.

Ce livre aborde Process Com sur le plan purement managérial.

Pour le manager

Un manager est appelé à assumer des responsabilités managériales du fait de ses compétences. La maîtrise de la communication est la compétence de base qui lui permettra de donner toute la dimension à ses compétences naturelles.

Le manager n'a donc pas attendu Process Com pour communiquer. C'est pourquoi nous avons choisi, pour présenter Process Com, de nous focaliser sur les cas où la communication n'est pas satisfaisante ou conflictuelle.

ENTRÉE EN MATIÈRE

Les mécanismes de Process Com

Histoire d'une découverte

Au début des années 1970, les observations cliniques du docteur Taibi Kahler, psychothérapeute américain, l'amènent à conclure qu'en chaque personne résident plusieurs profils de personnalité. Le traitement statistique d'un questionnaire rempli par des milliers de personnes lui permet de dénombrer six profils, qu'il nomme Persévérant, Travaillomane, Empathique, Rêveur, Promoteur et Rebelle.

Le docteur Taibi Kahler représente ces six profils comme autant d'étages d'un immeuble (comme si, en chacun de nous, il y avait un immeuble de six étages). Chacun de ces six étages est un profil plus ou moins disponible.

Figure 1 – Immeuble de l'auteur

Rêveur	Phase future éventuelle
Rebelle	Phase future éventuelle
Promoteur	Phase actuelle
Empathique	Phase vécue
Travaillomane	Phase vécue
Persévérant	Base

Vers l'âge de 7 ans, l'ordre des profils – les étages de l'immeuble – est fixé une fois pour toutes. Ci-dessus, le profil appelé *base* sera le profil dominant tout au long de la vie.

Chaque fois que nous connaissons une période de stress intense et durable, qu'il soit positif ou négatif (mariage, licenciement, naissance, nomination, perte d'un être cher, etc.), nous pouvons vivre ce que Taibi Kahler a nommé un *changement de phase*. Nos motivations changent avec ce changement de phase. C'est ce qui explique nos changements de motivation au cours de la vie. Ce changement n'est pas de notre décision, il est inconscient.

Efficacité d'un modèle qui évolue avec les phases de la vie

En mars de cette année-là, la société que je préside est déclarée en dépôt de bilan. Depuis un an, la négociation avec un client majeur n'a pas abouti. À l'issue du redressement judiciaire, ma société sera rachetée par un repreneur. Je vais devoir attendre un an pour connaître les jugements du tribunal de commerce (finalement, je ne serai ni interdit de gestion ni condamné au comblement de passif). La période de stress aura duré plus de deux ans. Ce n'est que l'année suivante que j'ai observé que j'avais changé de phase pour entrer dans ma phase actuelle : Promoteur.

La présence de ces six profils en chacun de nous explique notamment nos changements de comportement selon les personnes avec qui nous sommes en relation. Cette mobilité est la première dynamique du modèle Process Com.

La découverte de soi et de ses six profils

Chaque année, des dizaines de milliers de managers à travers le monde remplissent le questionnaire Process Com élaboré pour la Nasa. La grille des réponses, analysée par un programme informatique, restitue l'organisation des six profils et le taux d'énergie disponible dans chaque profil. L'inventaire indique également les mécanismes tant d'échec que de réussite du participant.

Le manager découvre son style de management dominant et en déduit avec quels profils de collaborateurs il a le plus de chances de réaliser de grandes choses et comment il doit manager pour être en situation de réussite avec les autres profils.

Une fois que le manager s'est décidé à se former à un outil de communication, le problème du choix du modèle se pose. Process Com est-il un bon choix ?

Une question simple permet d'éclairer le sujet : quel modèle comporte le mot « communication » dans son titre ? La question peut paraître triviale, mais si l'enjeu d'un modèle est la communication, est-il concevable que ce mot n'apparaisse pas dans l'intitulé du modèle ?

Plutôt que de nous lancer dans une fastidieuse étude comparative des différents modèles proposés sur le marché, nous avons choisi de présenter quelques points forts du modèle Process Com et surtout de montrer en quoi il est un outil privilégié pour le manager.

Les trois sources de Process Com

Process Com s'appuie sur trois sources :

- tout le génie de Taibi Kahler, son créateur ;
- la base de l'Analyse Transactionnelle ;
- les travaux du docteur Paul Ware.

Taibi Kahler et les apports de l'AT

Taibi Kahler, psychothérapeute, est un expert reconnu au niveau mondial en Analyse Transactionnelle (AT). Ses travaux sur les mini-scénarios ont été primés et font désormais partie intégrante de l'AT. Son mérite est d'avoir réussi à proposer une modélisation de l'Analyse Transactionnelle. Nous reviendrons sur ses apports.

Ses observations cliniques lui ont permis d'aboutir au fait que chaque être dispose en lui de six profils de personnalité, de découvrir comment identifier le profil que présente notre interlocuteur et surtout comment agir quand celui-ci est en stress ! C'est le premier critère de choix de Process Com.

L'Analyse Transactionnelle : une vision de l'homme dans son rapport à l'autre

Éric Berne, le concepteur de l'Analyse Transactionnelle, est le premier grand psychanalyste à avoir tenté d'expliquer l'homme non pas en tant que tel, comme l'avaient fait ses éminents prédécesseurs Freud ou Jung, mais dans son rapport à l'autre. C'est cette approche originale qui fait que le manager est concerné au premier chef : qu'est-ce qui se passe dans la relation entre moi et mon collaborateur ? entre moi et mon manager ? entre moi et le client ? etc.

Le docteur Paul Ware et les portes d'entrée en communication

Les travaux du psychothérapeute Paul Ware ont abouti à déterminer que l'homme avait trois portes d'entrée en communication : la porte de la pensée, la porte des sentiments et la porte de l'action. Les travaux de Paul Ware, par leur approche synthétique, apportent une grande clarification dans la relation interpersonnelle.

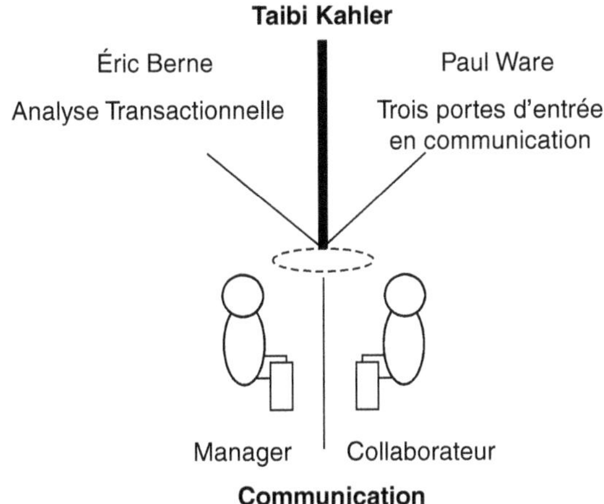

Un outil facile d'utilisation

Process Com offre un modèle à six profils. Un modèle à quatre profils ne présenterait que des caricatures peu compatibles avec la complexité humaine. Process Com est un outil pour mieux communiquer avec ses interlocuteurs et élargir l'éventail des gens avec qui nous voulons coopérer. Dans Process Com aucun profil n'est mieux qu'un autre. Il n'y a aucun jugement. Process Com, avec ses six profils, propose un modèle à la fois riche et exploitable au quotidien par le manager.

L'ordre des six profils, propre à chaque personne, ne change pas au cours de la vie. Cela représente 720 combinaisons. En réalité, comme chaque personne a plus ou moins d'énergie dans chaque profil, cela représente un nombre infini de combinaisons, ce qui rend Process Com compatible avec la complexité des sciences humaines.

L'apprentissage de Process Com est aisé : en pratique, il suffit de n'approfondir que celui des six profils qui nous pose problème dans la communication avec nos interlocuteurs.

Une double dynamique : « mécanisme d'échec » et « mécanisme de réussite »

Chaque profil a une dynamique comportementale qui lui est propre : une dynamique « mécanisme d'échec » et une dynamique « mécanisme de réussite ». Quand il y a mécommunication, c'est que mon interlocuteur ou moi-même sommes dans un mécanisme d'échec. Le manager a deux choses à faire : identifier le profil de la personne et mettre en œuvre le mécanisme de réussite pour donner toutes les chances à la communication de se rétablir.

Savoir motiver et sortir du stress

Tout comme nous devons satisfaire des besoins physiques pour être en bonne santé, Taibi Kahler a identifié des besoins à satisfaire pour être en bonne santé psychologique. La non-satisfaction du besoin psychologique conduit au stress. *A contrario*, la satisfaction du besoin psychologique nous sort de notre stress. C'est aussi le déclencheur de notre motivation et elle nous donne la pleine possession de nos moyens (intellectuels, sérénité, etc.).

La base et la phase

Le profil tout en bas de notre immeuble est appelé « base ». Ce profil reste le fondement de notre personnalité toute notre vie.

Si un événement auquel nous sommes confrontés génère un stress prolongé, par exemple de plusieurs mois, nous pouvons changer de phase, c'est-à-dire développer les caractéristiques du profil positionné immédiatement au-dessus de notre profil actuel, dans notre immeuble Process Com. Il peut s'agir d'un stress négatif ou d'un stress positif.

Nous allons nous rendre compte de ce changement de phase par un changement de motivation : ce ne sont plus les mêmes choses qui vont nous motiver.

> Dans ma vie de nomade, je me déplace d'hôtel en hôtel. Il y a neuf ans, un mois avant un voyage, j'appelais l'hôtel pour m'assurer que mon client avait bien réservé ma chambre. La veille, j'appelais de nouveau pour préciser que j'arriverais tard. Ma motivation prenait alors cette forme : que tout soit parfait.
>
> Aujourd'hui, en phase Promoteur, j'envoie un mail au client un mois avant pour qu'il retienne ma chambre, et c'est tout. Et si jamais, arrivant à 23h30, je m'entends dire par le réceptionniste : « Je suis désolé, monsieur, il n'y a plus de chambres, je ne pensais plus que vous viendriez… », j'ai la

sensation que la vie commence, qu'il va falloir être habile pour faire quelque chose de cette situation. Miam ! C'est un stress positif d'excitation.

Un jour, dans cette situation, la négociation a duré une demi-heure, mais j'ai eu une chambre. Un client arrivé plus tard a dû avoir la mauvaise surprise d'apprendre qu'une chambre lui avait été réservée dans un autre hôtel à quelque 40 kilomètres de là !

Dans mon profil précédent, ma motivation, c'était que tout soit parfait. Maintenant, c'est la prise de risque.

Certaines personnes peuvent vivre plusieurs phases dans leur vie, et donc autant de motivations différentes, tandis que d'autres peuvent garder les mêmes sources de motivation toute leur vie.

Maintenant que nous connaissons les grands mécanismes de Process Com, intéressons-nous à ce qui se passe avec l'autre.

Ce qui nous prédispose ou pas à un bon relationnel

Notre immeuble Process Com nous prédispose à communiquer tout naturellement avec les personnes qui ont des points communs avec le nôtre. En voici un exemple.

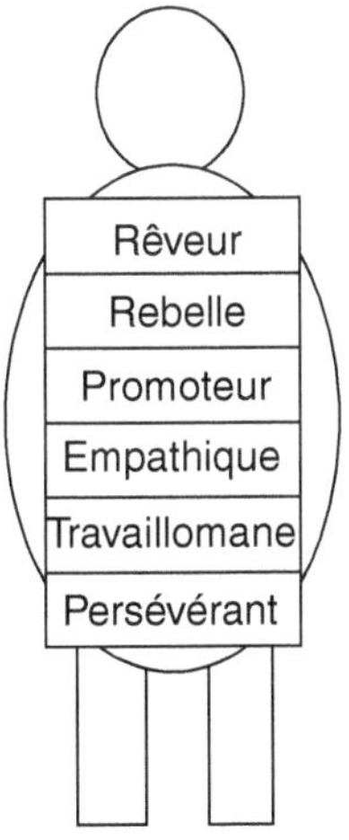

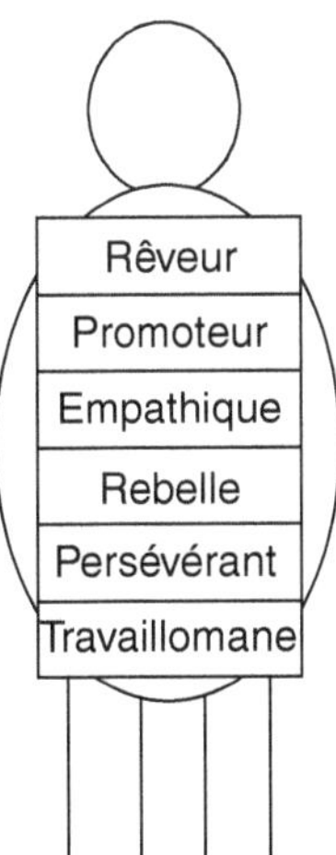

Dans le premier schéma, les deux profils du bas – Persévérant et Travaillomane – sont très proches. La collaboration entre ces deux personnes a de bonnes chances de fonctionner sans effort. Et si la mécommunication arrive entre elles, chacune pourra trouver instinctivement une solution car elles ont des ressources cousines. Cependant, la connaissance de Process Com peut éviter les problèmes qui peuvent, malgré tout, surgir.

Le deuxième schéma ci-dessous présente des organisations d'immeuble fort différentes. Ces deux personnes peuvent très bien collaborer : il n'existe pas de tandem impossible. Mais le risque de mécommunication est plus grand qu'avec des immeubles d'organisations similaires. Si le stress met son grain de sel, la mécommunication s'installera. Les chances de rétablir la relation seront plus aléatoires. En effet, chacun ignore – ou peu s'en faut – les mécanismes qui sont à l'œuvre chez l'autre.

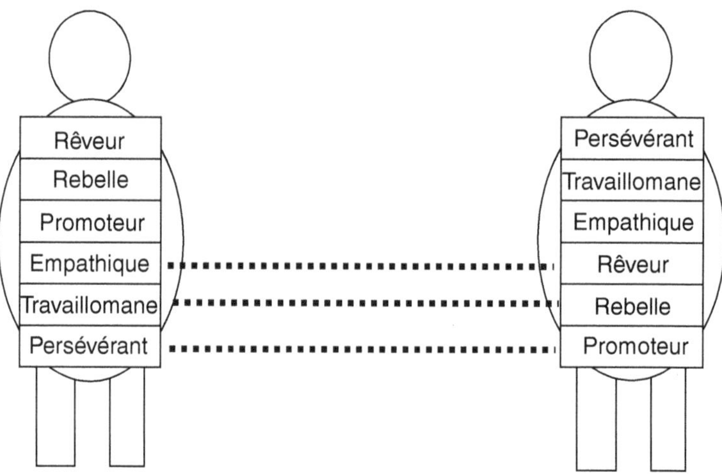

Ces schémas nous montrent que nous disposons naturellement de ressources pour manager différents profils sans avoir un besoin absolu de Process Com. En revanche, avec des interlocuteurs présentant des profils situés en haut dans notre immeuble, donc moins accessibles, le processus relationnel peut se gripper. Dans ce cas, la sortie de crise est beaucoup plus compliquée sans outil.

Améliorer ses relations avec un seul profil

À l'issue d'une formation, il n'est pas nécessaire d'être un expert en communication avec chacun des six profils de Process Com. L'amélioration du mode relationnel avec un seul profil peut élargir notre capacité managériale à tout un pan nouveau de population.

Dans nos cursus de formation, nous proposons à chaque manager de choisir une relation professionnelle qui ne le satisfait pas. Lors d'un face-à-face nous identifions avec le manager le profil du collaborateur source de difficulté pour lui. Huit mois plus tard, lors d'un deuxième face-à-face, nous traitons jusqu'à trois cas de mécommunication différents. Dans 60 % des cas, c'est le même profil qui revient. En neuf ans de pratique, nous n'avons jamais eu un manager qui nous ait soumis plus de deux profils avec lesquels il était en difficulté…

L'organisation de ce livre s'appuie sur cette expérience. Après avoir démonté la dynamique de Process Com, nous présentons dans la partie 3 chaque profil avec ses spécificités et terminons chaque fiche par un exercice pratique. Ainsi, une fois que vous aurez repéré le profil « difficile » pour vous, vous pourrez vous plonger dans la fiche correspondante et devenir un expert dans cette relation.

À RETENIR

Process Com présente plusieurs dynamiques qui permettent de prendre en compte la complexité de la communication entre deux personnes. Il s'appuie sur un modèle de référence : l'Analyse Transactionnelle. Nous avons en chacun de nous six profils plus ou moins accessibles. C'est ce qui explique que faute d'outil (comme Process Com) nous réussissions à bien communiquer avec certaines personnes et pas avec d'autres.

Le modèle Process Com délivre les clés des sources de la motivation. Si notre interlocuteur est sous stress, et si nous sommes capables de satisfaire son besoin psychologique, la relation a toutes les chances de se rétablir, et cela quasi instantanément.

C'est pour ces raisons que des milliers de managers choisissent ce modèle pour faciliter leur réussite.

Pour le manager

Un manager est appelé à assumer des responsabilités managériales du fait de ses compétences, entre autres celles qu'il est supposé maîtriser en communication. Le manager n'a donc pas attendu Process Com pour communiquer. C'est pourquoi nous avons choisi, pour présenter Process Com, de nous focaliser sur les cas où la communication est insatisfaisante ou conflictuelle.

Première partie

La double dynamique de Process Com

CHAPITRE 1

Repérer la dynamique d'échec

Les masques du stress

Le stress est un état psychique produit par un mal-vécu, un mal-être. Cet état fébrile influe tant sur le plan physique que sur le plan mental et sur le plan émotionnel.

Le mécanisme de stress s'intensifie avec le niveau de mal-être. L'expression populaire « partir en vrille » illustre bien ce phénomène. Si rien ne change, progressivement, la vrille de stress s'enfonce du premier degré de stress au deuxième, puis au troisième. Chaque degré de stress est associé à un masque.

Le masque du premier degré est appelé driver ; le masque du deuxième est appelé, mécanisme d'échec. Au troisième degré de stress, la personne montre un masque de désespoir.

Les trois degrés de stress

Degré de stress	Appellation Process Com
Premier degré de stress	Driver
Deuxième degré de stress	Mécanisme d'échec
Troisième degré de stress	Désespoir

Plus une personne s'enfonce dans son stress, plus c'est repérable. *A contrario*, le premier degré de stress est le plus subtil à identifier. C'est pourquoi nous allons commencer par décrire le troisième degré de stress, puis le deuxième et enfin le premier.

Identifier le stress de notre interlocuteur

Comme tout un chacun, notre interlocuteur dispose des six profils Process Com. Si la communication ne passe pas, c'est que notre interlocuteur a entamé sa vrille de stress. L'identification du stress va faciliter le repérage du profil qu'il nous présente. C'est cette identification qui sera abordée dans les exercices associés à chaque fiche profil.

Nous pouvons faire un parallèle entre le mécanisme de la douleur et celui du stress.

> Alain Peyrefitte raconte qu'à l'issue de sa révolution rouge, la Chine ne pouvait plus procéder à des anesthésies, faute de médicaments et d'anesthésistes. Cette situation interdisait les opérations chirurgicales. La Chine eut alors recours à l'acupuncture. La stimulation d'un point situé au milieu du pouce entretient une douleur infime. Cette douleur infime occupe 80 % à 90 % du canal qui envoie la douleur au cerveau. Pendant des années, la Chine a assuré les interventions chirurgicales sans anesthésie mais en « obstruant » le canal douleur grâce à l'acupuncture.

Le stress procède de manière similaire. En état de stress, nous n'avons plus accès à la totalité de nos capacités intellectuelles. Notre aptitude à discerner et à décider s'en trouve altérée, comme si le tuyau d'accès à notre intelligence était obstrué par le stress. Au stress, s'ajoutent des relations qui se dégradent. Résultat : une vie bien inconfortable.

Process Com propose un processus à mettre en œuvre quand une relation se dégrade. Lorsque nous serons confrontés à une mécommunication, nous disposerons d'outils qui nous permettront d'interagir avec notre interlocuteur de façon à enrayer sa vrille d'échec. Sitôt que notre interlocuteur sera à nouveau en contact avec sa spirale de réussite, la communication se rétablira.

Les positions de vie

Une communication ne peut s'établir que si les deux protagonistes s'estiment l'un l'autre. Quand il y a estime réciproque, nous parlerons d'une position de vie +/+ ou OK/OK. Prenons quelques exemples.

Imaginons que Jacques dise à Marion : « Avec toi, c'est toujours pareil. Les bras m'en tombent, je ne sais plus faire. Je suis nul. J'abandonne. »

Est-ce que Jacques s'estime ? Non.

Le premier signe est donc – (moins) ou non-OK.

Est-ce qu'il estime Marion ? Non.

Le deuxième signe est donc – ou non-OK.

Jacques est dans une position de vie –/– (moins/moins) ou non-OK/non-OK.

Principe de base de Process Com : la position de vie est en +/+

L'un des principes de base de Process Com est qu'il n'y a communication que si la position de vie est en +/+. Voyons un exemple.

Imaginons maintenant que Jacques dise à Marion : « Marion, peux-tu envisager de t'y prendre autrement la prochaine fois ? »

Est-ce que Jacques s'estime ? Oui.

Le premier signe est donc + ou OK.

Est-ce qu'il estime Marion ? Oui.

Le deuxième signe est + ou OK.

Jacques est dans une position de vie +/+ ou OK/OK. La communication s'établit.

Troisième degré de stress

Au troisième degré de stress la personne n'a plus de ressources pour gérer la relation. Elle est dans le désespoir. Elle rompt (quitte) la relation, quelles qu'en soient les conséquences.

En coaching, un DG me raconte que, le week-end précédent, il a annoncé à sa femme son intention de quitter le groupe qu'il dirige depuis quatre ans.

Après avoir dirigé une filiale, le groupe lui a confié la direction générale pour opérer la transformation des filiales en agences. Dans le comité de direction, ses anciens collègues ont perdu au fil des années tous leurs attributs de DG : perte de leur DAF, homogénéisation des offres, centralisation, etc.

Sa femme est étonnée de cette décision. Est-il poussé dehors ? Non. Le projet qu'il a mené est-il réussi ? Oui. Alors ? Réponse du DG : « Je suis épuisé. Je n'ai plus rien à l'intérieur. C'est comme si j'étais vide. Il faut que je parte. »

En qualité de coach, j'ai mené les vérifications d'usage pour savoir s'il s'agissait de déprime ou autre. Le diagnostic était : « burn-out » (le burn-out est un état d'épuisement qui ne touche qu'un domaine de la vie, le plus souvent la vie professionnelle, sans que la vie privée en souffre vraiment).

Position de vie du troisième degré de stress

Dans notre cas, le directeur général ne sait plus faire. Il est au bout du bout dans sa fonction. Ce regard négatif sur lui-même est qualifié par l'Analyse Transactionnelle (AT) de position moins (–). Par ailleurs, il n'a de considération ni pour ses ex-collègues, avec qui il a dû batailler durant toutes ces années, ni pour son PDG, qui aurait pu le soutenir davantage. Là aussi, l'AT qualifie cette position de moins (–). Dans cette situation, le DG adopte la position de vie moins/moins (–/–), qui caractérise le troisième degré de stress.

Chacun des six profils exprime la rupture du troisième degré de stress à sa manière. Le tableau ci-dessous détaille la nature du désespoir de chaque profil au moment où il entame la rupture.

Tableau du troisième degré de stress

Persévérant	Travaillomane	Empathique	Rêveur	Promoteur	Rebelle
« Je savais bien qu'ils ne me faisaient pas confiance. »	« Ils sont stupides. »	« Je sentais bien qu'ils ne m'aimaient pas ! »	« Personne ne m'a dit ce qu'il faillait faire. »	Fuit les autres avant qu'ils ne l'abandonnent.	Est rejeté et devient revanchard.

Ce troisième degré de stress est plutôt rare. Au troisième degré nous sommes en situation d'échec. Ce degré s'accompagne de problèmes de dépression, de troubles psychosomatiques et autres.

Avant d'en arriver à ce troisième degré de stress, notre interlocuteur est d'abord passé par le premier degré puis par le deuxième degré de stress. Les interactions Process Com permettent d'intervenir avant que l'interlocuteur n'en arrive à cette extrémité dommageable.

Le troisième degré de stress nous a permis d'évoquer la position de vie moins/moins (–/–). Abordons les différentes positions de vie, qui sont un outil pour identifier à quel niveau une communication dysfonctionne.

Deuxième degré de stress

Sitôt que l'interlocuteur est en deuxième degré de stress, la communication devient difficile, inconfortable, voire conflictuelle. Ce degré de stress s'accompagne du masque *mécanisme d'échec.* Il existe trois masques – Attaquant, Blâmeur et Geignard – associés aux positions de vie :

Attaquant : +/–

Blâmeur : +/–

Geignard : –/+

Le stress est la résultante de la non-satisfaction d'un besoin psychologique. Cette mécanique s'éclairera avec le chapitre consacré à la spirale de réussite. Selon le profil dans lequel nous sommes, nous adopterons l'un de ces trois masques lorsque nous serons au deuxième degré de stress. À titre d'exemple, voyons comment chacun des six profils exprime un deuxième degré de stress.

Positions de vie du deuxième degré de stress

Le deuxième degré de stress est caractérisé par deux positions : soit +/–, soit –/+.

Deuxième degré de stress – Position de vie +/–

Si Jacques dit à Marion : « Avec toi, c'est toujours pareil ! »

Est-ce que Jacques s'estime ? Oui.

Le premier signe est donc + ou OK.

Est-ce qu'il estime Marion ? Non.

Le deuxième signe est – ou non-OK.

Jacques est dans une position de vie +/– ou OK/non-OK. Le premier signe indique l'estime que l'émetteur du message a pour lui-même.

Deuxième degré de stress – Position de vie –/+

Au début de son exposé, Georges sent le besoin de déclarer : « Mesdames, je suis navré, mais je suis un peu souffrant et mon intervention risque d'en pâtir. »

Est-ce que Georges s'estime ? Non.

Le premier signe est donc – ou non-OK.

Est-ce que Georges estime ses interlocuteurs ? Oui.

Le deuxième signe est donc + ou OK.

Georges est dans une position de vie –/+ ou non-OK/OK.

À titre d'exemple, voyons comment chacun des six profils exprime un deuxième degré de stress.

Persévérant : part en croisade

« Je tiens à vous le dire : c'est en agissant de la sorte que l'esprit d'équipe va se dégrader. C'est inadmissible de se conduire ainsi. Je tiens à ce que chacun veille à être respectueux des autres. Mais où avez-vous été éduqués ? Je vous tiens pour responsables de la situation. J'attends que dorénavant… car… »

Position de vie : +/– en stress, ce profil s'estime et n'estime pas son interlocuteur.

Masque d'Attaquant

Travaillomane : sur-contrôle

Je me souviens d'une époque où, quand un collaborateur arrivait en retard, cela m'insupportait gravement. Je me mettais à guetter ceux qui s'accordaient les cinq minutes du matin : « Ton retard régulier n'est pas admissible. » Espionner était étranger à mon éducation, ce qui amplifiait mon malaise.

Position de vie +/– En stress du second degré, ce profil s'estime et n'estime pas son interlocuteur.

Masque d'Attaquant

Empathique : fait des erreurs ? (dans ses domaines de compétences)

Dans son profil Empathique, non seulement une personne fera des erreurs dans son domaine d'expertise, mais elle soulignera oralement son mécanisme d'échec : « Je suis navré. Je ne sais pas ce que j'ai aujourd'hui, mais je ne fais que des bêtises. »

Position de vie –/+ En stress du second degré, ce profil ne s'estime pas et estime son interlocuteur.

Masque de Geignard

Rêveur : ne finit pas ses tâches

Le profil Rêveur n'exprime pas naturellement ce qui se passe en lui. Son manager finira par remarquer que plus rien n'avance et se posera plein de questions : est-il devenu incompétent ? etc. Notre profil Rêveur est simplement en deuxième degré de stress. Interpellé par son manager, il peut répondre : « On ne m'a pas donné les informations dont j'avais besoin. » Il pensera : « Je ne vais jamais arriver à le faire. »

Position de vie : –/+ En stress du second degré, ce profil ne s'estime pas et estime son interlocuteur.

Masque de Geignard

Promoteur : manipule ou « Je suis spécial »

(Manipulation) « Dis, Jacques, il y a un bruit qui court sur toi… Il paraîtrait que… »

(« Je suis spécial ») « Moi, je n'ai pas besoin de réfléchir pour prendre ce type de décision. »

Position de vie : +/–

Masque de Blâmeur

Rebelle : rejette la responsabilité

« Ben non, je n'ai pas pu le faire, le service Y ne m'a pas donné les éléments à temps. Avec eux, c'est toujours pareil ! »

Position de vie : +/– En stress du second degré, ce profil s'estime et n'estime pas son interlocuteur.

Masque de Blâmeur

Chacune des formes de deuxième degré sera revue deux fois dans ce livre : une fois dans la fiche profil concernée et une fois à l'occasion de l'exercice pratique.

Avant d'arriver à son deuxième degré de stress, notre interlocuteur est passé par le premier degré de stress, aussi appelé driver. Découvrons ce stress subtil. Cette partie demande de l'entraînement pour l'identifier.

Premier degré de stress (ou driver)

Le premier degré de stress a un privilège : il garde son nom anglais, « driver », qu'on pourrait traduire par « message contraignant ». En effet, le premier degré de stress est un stress léger qui s'exprime sous la forme d'un message contraignant. Le message est contraignant soit pour l'interlocuteur soit pour soi-même.

« Driver » ou message contraignant pour l'autre

Un collaborateur présente une étude innovante, fantastiquement intéressante pour l'entreprise. Le manager la parcourt rapidement, et sa première remarque est : « Tiens, tu as fait une faute page 12. « Rébarbatif » ne s'écrit pas comme cela. » Le manager émet ce message contraignant à son collaborateur : « Sois parfait. » C'est le premier degré de stress (driver) du profil Persévérant.

Un message contraignant peut être dévastateur !

« Driver » ou message contraignant pour soi

Un manager réclame un rapport que son collaborateur devait lui remettre à midi. Il le surprend à son bureau en train de peaufiner ledit rapport. « Tu es en retard pour me remettre ce rapport. Que fais-tu ? » demande le manager. « Je le relis une fois de plus afin qu'il soit parfait. » Le collaborateur émet ce message contraignant (qui s'adresse à lui-même) : « Je dois être parfait. » C'est le premier degré de stress (driver) du profil Travaillomane.

Positions de vie du premier degré de stress ou driver

Driver contraignant pour l'autre (appelé aussi driver parent)

Dans l'exemple ci-dessus « Tiens, tu as fait une faute... », le message du manager est le suivant : « Je m'estime (+), et toi, collaborateur, je t'estime SI tu es parfait (+SI). » Le signe de la position de vie est donc +/+SI.

Driver contraignant pour soi (appelé aussi driver enfant)

Dans l'exemple ci-dessus « Je le relis une fois de plus... », le message du collaborateur est le suivant : « Je m'estime SI je suis parfait (+SI), et toi, manager, je t'estime (+). » Le signe de la position de vie est donc +SI/+.

Tableau des drivers

Persévérant	Travaillomane	Empathique	Rêveur	Promoteur	Rebelle
Voit ce qui ne va pas chez l'autre.	Recherche la perfection.	Se sur-adapte, cherche à faire plaisir.	S'isole.	Chacun pour soi.	Invite à l'effort, ne comprend plus.

Taibi Kahler estime que le premier degré de stress peut occuper jusqu'à 70 % de nos échanges. Cela peut avoir peu ou pas de conséquences sur la communication, selon l'interlocuteur...

Persévérant : Driver – voit ce qui ne va pas chez l'autre (Sois parfait parent)

Stéphane passe ses week-ends à repeindre gracieusement la façade de son beau-père, entrepreneur de peinture à la retraite. Le jour J, Stéphane invite son beau-père pour lui montrer son travail fini. Son beau-père examine le travail de son œil de professionnel. En s'approchant d'une fenêtre, il pointe le bord d'une vitre et lui dit : « Tu as bavé sur le carreau. » Un rapide merci, c'est à peu près tout ce que le gendre a reçu comme compliments de la part de son beau-père. Stéphane se promet qu'on ne l'y reprendra plus !

Le beau-père s'estime (+) et n'estime son gendre que SI (+SI) il est parfait.

Position de vie : +/+SI

Même si le driver du profil Persévérant part d'une bonne intention, le manager prend souvent le risque de démotiver son collaborateur. La croyance « Je suis aussi exigeant avec les autres qu'avec moi-même » peut faire des dégâts.

Travaillomane : Driver – ne délègue plus (Sois parfait)

Le fondateur et PDG d'un groupe de distribution textile rachète un groupe à redresser dans le même métier. Un an après, il continue à venir une journée par semaine au siège du groupe racheté pour assurer la fonction de directeur produit. Le DG tente de le convaincre d'embaucher un chef produit. Mais le PDG refuse : « Non, Paul, je préfère le faire moi-même. Il y a trop de risques à confier cela à une personne qui ne connaît pas nos spécificités. Il serait trop long de faire le transfert. »

Le PDG obtiendra quelque chose de parfait SI il le fait lui-même (+SI). Son environnement est OK.

Position de vie : +SI/+

À ce degré de stress, le manager Travaillomane a pour leitmotiv « J'ai plus vite fait de le faire moi-même ». S'il a souvent raison sur le coup, c'est bien sûr faux à moyen et long terme.

Empathique : Driver – se sur-adapte (Fais plaisir)

À la pause, lors d'une formation, un participant propose : « Tu veux un petit café ? Surtout tu n'hésites pas », et insiste pour faire plaisir.

Le participant ne s'estime que si (+SI) il fait plaisir.

Position de vie : +SI/+

Le manager Empathique dans ce driver a généralement des difficultés à dire non et cherche exagérément à faire plaisir à tout le monde.

Rêveur : Driver – s'isole, se replie sur lui-même (Sois fort enfant)

Si jamais, le lendemain d'une réunion, vous vous demandez si Jacques était ou non présent, c'est que Jacques a de bonnes probabilités de présenter un profil Rêveur.

Jacques s'estimerait si (+SI) il participait autant que les autres membres du groupe.

Position de vie : +SI/+

Le manager Rêveur dans ce driver peut aller jusqu'à se demander s'il est à sa place dans ce groupe.

Promoteur : Driver – chacun pour soi (Sois fort parent)

On demande un service à un collègue et celui-ci répond : « Ce n'est pas mon problème » ou « Tu te débrouilles ». C'est le « chacun pour soi » du premier degré de stress du profil Promoteur.

Le collègue n'estime les autres que si (+SI) ils sont forts, ils savent se débrouiller seuls.

Position de vie : +/+SI

Le manager Promoteur dans ce driver peut être vécu comme ne soutenant pas ses collaborateurs lorsqu'ils en ont besoin.

Rebelle : Driver – invite à l'effort ou ne comprend plus (Fais effort enfant)

Lors d'une réunion, un collaborateur intervient : « Heu ! J'ai rien compris, tu peux répéter ? » Il s'agit là du premier degré de stress du profil Rebelle.

Le collaborateur « invite à l'effort » l'animateur et ne s'estimera que si (+SI) il comprend.

Position de vie : +SI/+

Le manager Rebelle dans ce driver est moins en recherche d'explications que d'un contact (nous reverrons cela dans le chapitre suivant consacré à la spirale de réussite).

C'est notre vécu des situations qui nous entraîne dans notre vrille de stress, tout d'abord au premier degré (driver) puis au deuxième, et enfin à la rupture (troisième degré).

Récapitulatif de la dynamique – vrille de stress

L'émetteur du message s'estime	L'émetteur estime son interlocuteur	Position de vie	Degré de stress ou communication
Oui +	Oui +	OK/OK +/+	Le seul cas où il y a communication
Oui +	Oui si +SI	OK/OK si +/+SI	Premier degré de stress – driver parent
Oui si +SI	Oui +	OK si/OK +SI/+	Premier degré de stress – driver enfant
Oui +	Non –	OK/non-OK +/–	Deuxième degré de stress
Non –	Oui +	non-OK/OK –/+	Deuxième degré de stress
Non –	Non –	non-OK/non-OK –/–	Troisième degré de stress

CHAPITRE 2

Entrer dans la spirale de réussite

À chaque profil en vrille de stress (mécanisme d'échec), Process Com propose un type d'interaction composé de trois éléments :

- le canal de communication ;
- la perception du monde ;
- le besoin psychologique.

Toute la puissance de Process Com consiste à construire une phrase (interaction) avec ces trois éléments. Cette phrase va agir directement sur l'interlocuteur pour qu'il remonte en énergie et sorte de son stress. Il aura alors accès à sa spirale de réussite.

Canaux de communication

Ne vous est-il jamais arrivé de dire : *« Il est bouché ou quoi ? » ; « Je parle français ou quoi ? » ; « Il n'écoute pas, c'est à devenir chèvre » ; « Dis, tu écoutes ce que je dis ? »*. Mais qu'est-ce qui rend donc les gens sourds ?

En fait chacun des six profils que nous avons en nous-mêmes a un canal qui lui convient. Si nous nous adressons à l'autre dans un canal qui ne lui convient pas, il peut ne pas entendre ce que nous lui disons.

Quand l'une de mes filles dit à son fils : « Tristan, veux-tu bien monter ? Il est tard », Tristan ne répond pas et ne s'exécute pas. Quand elle lui dit : « Tristan, monte », Tristan répond : « Oui, maman » et monte de bonne grâce.

Il y a quatre types de canaux de communication. Voici comment ils sont associés aux six profils du modèle Process Com.

Tableau des 4 types de communication

Profil	Canal	Exemple
Persévérant Travaillomane	Interrogatif Informatif	Peux-tu me donner ton rapport pour demain matin ?
Empathique	Nourricier	Si tu as besoin d'aide pour me donner ton rapport, je suis à ta disposition.
Promoteur Rêveur	Directif	Donne-moi ton rapport demain matin, s'il te plaît.
Rebelle	Émotif	J'adorerais lire ton rapport demain.

Perceptions du monde

Notre manière de regarder le monde varie en fonction du profil Process Com dans lequel nous nous trouvons.

Dans l'une des premières scènes de *Goldfinger*, James Bond s'apprête à embrasser sa partenaire. Dans son œil, il aperçoit un méchant prêt à l'attaquer par-derrière. Lorsque j'ai vu ce film au cinéma, à cet instant, la salle a éclaté de rire. Quel humour ! Ce soir-là, le public ne prenait pas cela au sérieux. Ce n'était qu'un jeu. Il s'agit là d'une perception du monde.

D'autres auraient critiqué : « *C'est ridicule, non crédible, etc.* » Il se serait agi d'une autre perception du monde, comme celle des faits (Travaillomane) ou celle des opinions (Persévérant).

Chaque profil a sa manière de voir le monde. Ce soir-là, le public était réactif.

Table des profils et modes de perception

Profil	Établissement de la relation	Perception du monde
Empathique	Entre en *relation* par le biais des…	Émotions
Travaillomane	Entre en *relation* par le biais des…	Faits
Persévérant	Entre en *relation* par le biais des…	Valeurs et opinions
Rêveur	Entre en *relation* essentiellement quand il y est obligé ou invité.	Réflexion, imagination, forme de détachement. Invitation à l'action par l'extérieur.
Promoteur	Entre en *relation* essentiellement quand il voit une opportunité.	Il entre en action lorsqu'une opportunité se présente.
Rebelle	Entre en *relation* essentiellement quand il vise la réaction de l'autre, en provoquant pour s'amuser.	Son processus tient de la réaction. Il réagit au moindre signe d'intérêt.

Commencer un échange en prenant en compte la « perception du monde » du profil de notre interlocuteur, élève immédiatement le niveau relationnel.

Après avoir vu les « canaux de communication » et la « perception du monde », voyons maintenant ce qui est probablement l'élément le plus puissant de Process Com : les besoins psychologiques.

Besoins psychologiques, énergie et mécanismes de la motivation

Alors que les managers se torturent l'esprit pour découvrir les secrets des mécanismes de la motivation, Process Com offre une réponse aussi efficace que facile à mettre en œuvre en proposant les

besoins psychologiques. Même après des années de pratique, son efficacité immédiate stupéfie toujours.

S'il fallait élever une statue en l'honneur de Taibi Kahler pour un élément de son œuvre, ce serait probablement pour avoir associé les besoins psychologiques à chacun des six profils Process Com.

La motivation est transmissible

Le manager est quelquefois bien en peine de trouver le moteur qui va lui donner l'envie de faire des choses extraordinaires. En montant dans la hiérarchie, il est quelquefois plus difficile encore de trouver un manager qui apporte l'énergie et l'envie dont on a tant besoin.

Bien avant la déprime, il y a des matins où tout est gris, maussade, y compris soi-même. Que faire ? Prendre en charge ses propres besoins psychologiques afin de retrouver une pêche d'enfer !

> Une de mes amies tient un cabinet d'outplacement. Brigitte reçoit toute la journée des clients qui sont en recherche de travail, qui, après un licenciement, tentent de se reconstruire, etc. C'est un métier qui démolirait les plus solides. Cette femme a négocié avec la chambre de commerce de faire un exposé une fois par mois devant une cinquantaine d'étudiants en processus de recherche d'emploi. Il ne fait pas de doute qu'avec son esprit brillant et son bagout naturel, elle fait un tabac et satisfait son besoin psychologique : la reconnaissance de ses opinions. Il s'agit là de l'un des deux besoins psychologiques de son profil Persévérant.

Sitôt que le moral vacille ou que la déprime nous guette, il nous suffit d'observer à quel profil Process Com correspond notre stress pour entreprendre la satisfaction du ou des besoins psychologiques associés à ce profil. Lorsque nous aurons retrouvé le petit moteur qui fait qu'on est capable de relever n'importe quel challenge, nos collaborateurs auront envie de partager, eux aussi, cet enthousiasme communicatif.

La satisfaction des besoins psychologiques est magique sur le niveau d'énergie. L'énergie est une bonne maladie, car elle est contagieuse.

Les besoins psychologiques et la vrille de stress

La satisfaction du besoin psychologique agit comme un plein d'essence. L'état de stress est dû à un déficit de satisfaction du besoin psychologique. Sitôt que notre réservoir est presque vide, les ratés commencent, la relation avec les autres se dégrade.

Reprenons le cas de Brigitte. Que se serait-il passé si elle n'avait pas eu l'ingénieuse idée de s'occuper de satisfaire son besoin psychologique du profil Persévérant ? Elle serait entrée en premier degré de stress : elle aurait d'abord vu ce qui n'allait pas chez ses clients. Ensuite, elle serait passée en deuxième degré de stress : pour un oui ou pour un non, elle serait partie en croisade contre un client. Elle l'aurait attaqué : « Vous imaginez, monsieur, en agissant ainsi, vous n'aurez que des résultats désastreux. Vous devez changer de comportement. Le comportement que vous avez adopté est inadmissible compte tenu de ce que… »

Aussitôt le besoin psychologique du profil concerné satisfait, le stress s'envole, l'énergie remonte, la communication se rétablit. C'est plus rapide que de remplir son réservoir de carburant ! C'est instantané.

Les besoins psychologiques, levier de la motivation

Continuons, avec Brigitte, notre voyage parmi les besoins psychologiques. Dans quel état se retrouve-t-elle après un exposé à l'issue duquel elle reçoit une ovation appuyée ? Eh oui ! la vie est belle, même les couleurs sont plus vives. Elle a envie de tout entreprendre, plus rien ne lui fait peur, tout lui paraît possible ! C'est un état comparable à celui qui nous transporte quand nous sommes amoureux.

La satisfaction des besoins psychologiques est le levier de la motivation. Avant que ne se déclenche la motivation, nous avons besoin de cette matière brute qu'est l'énergie.

Est-ce que la motivation est le résultat d'une impulsion extérieure ou un processus interne ? Les deux. En qualité de manager, nous avons intérêt à nous préoccuper de satisfaire nos besoins psychologiques pour avoir la niaque et donner envie à nos collaborateurs de nous suivre. En qualité de manager, nous avons intérêt à satisfaire les besoins psychologiques de nos collaborateurs afin qu'ils aient un enthousiasme à décrocher la lune !

Les besoins psychologiques de chaque profil

Satisfaire le besoin psychologique de l'interlocuteur est simple : il suffit de prendre en compte le ou l'un des deux besoins psychologiques associés au profil qu'il nous présente. Une seule phrase peut contribuer à ce que l'interlocuteur sorte de son stress. Deux phrases tout au plus seront nécessaires pour qu'il revienne instantanément dans sa spirale de réussite.

Tableau des besoins psychologiques de chaque profil

Profil	Besoins psychologiques
Persévérant	– Reconnaissance des opinions – Reconnaissance du travail
Travaillomane	– Reconnaissance du travail – Structuration du temps
Empathique	– Cinq sens – Reconnaissance inconditionnelle de la personne
Rêveur	– Solitude
Promoteur	– Excitation
Rebelle	– Contact

Exemples

Voici des exemples qui illustrent la façon de satisfaire les huit besoins psychologiques.

1. Reconnaissance des opinions

Ce que tu développes est particulièrement intéressant.

Ai-je bien compris ce que tu voulais dire ? + reformulation

2. Reconnaissance du travail

La forme que tu as adoptée pour ce travail le rend particulièrement clair et compréhensible.

Ce travail a dû te demander une recherche considérable !

3. Structuration du temps

J'attends que tu fasses ce travail dans un délai de cinq jours. Est-ce réalisable pour toi dans ce délai ?

L'ordre du jour est divisé en trois parties. Premièrement… ; deuxièmement… ; et finalement…

4. Cinq sens

Allons découvrir ce restaurant qui a l'art d'associer les saveurs de manière nouvelle et de sublimer chacune.

5. Reconnaissance inconditionnelle de la personne

Sans toi, je ne sais pas comment nous nous en sortirions.

Si tout le monde était comme toi, cela marcherait comme sur des roulettes.

6. Solitude

Si tu as besoin de t'isoler pour réaliser ce travail, demande-moi, j'organiserai quelque chose.

7. Excitation

Si tu arrivais à signer cette affaire, ce serait vraiment fort !

Fais tout pour signer ce contrat, mais ce n'est pas gagné.

8. Contact

Sur ce coup-là, si ça tombe, tu vas t'en sortir comme d'hab', hein ?!

Eh ! Et si on y allait franco, juste pour le fun, OK ?

Chaque phrase ci-dessus est composée du canal de communication, de la perception du monde et du besoin psychologique. C'est le processus pour contribuer à « sortir » notre collaborateur de son stress et à rétablir la communication.

À RETENIR

Il y a mécommunication quand l'interlocuteur est entré dans sa vrille de stress. La nature de son stress nous permet d'identifier le profil concerné. Le stress étant essentiellement généré par un déficit en besoin psychologique, il suffira d'adresser à l'interlocuteur une ou deux phrases satisfaisant son besoin psychologique. Ces phrases auront d'autant plus d'efficacité que nous emploierons le canal de communication et la perception du monde appropriés.

CHAPITRE 3

Adapter les styles de management

Prendre conscience de son style de management

Dans les années 1960, Blake et Mouton ont défini quatre styles de management : le directif, l'informatif, le participatif et le délégatif. Ces quatre styles restent aujourd'hui encore la référence en management. Dans les années 1970, Hersey et Blanchard donnent à ces styles une dimension supplémentaire en les reliant aux différentes situations du management. Cela a donné naissance au management situationnel. Process Com complète ce management situationnel en se focalisant sur la forme à adopter avec tel ou tel profil de collaborateur. Là également, le principe de base de Process Com se vérifie : « La forme est encore plus importante que le fond. »

La mise en pratique des styles de management Process Com vise deux objectifs : que le collaborateur accueille mieux le management et qu'il soit plus motivé à agir.

Taibi Kahler a renommé chaque style pour le différencier des styles de Blake et Mouton.

Tableau des styles de management (correspondances)

Management situationnel	Management individuel
Blake et Mouton	*Process Com*
Directif	Autocratique
Informatif	Démocratique
Participatif	Bienveillant
Délégatif	Laisser-faire

Pratiquer les styles de management de Process Com, c'est ajuster la forme de son style managérial au profil du collaborateur. Voici le style qui correspond le mieux à chaque profil.

Tableau du style qui correspond le mieux à chaque profil

Manager au profil	Persévérant	Travaillomane	Empathique	Rêveur	Promoteur	Rebelle
Style Process Com	Démocratique	Démocratique	Bienveillant	Autocratique	Autocratique	Laisser-faire

Descriptif des styles de management

Laisser-faire

Celui qui adopte ce style donne les grandes lignes du but à atteindre et laisse ses collaborateurs faire comme ils l'entendent.

C'est un style adapté aux start-up à leurs débuts. Il favorise la créativité. Il convient également au management de collaborateurs qui ont un haut niveau d'autonomie.

Si le manager n'a pas conscience de pratiquer ce style, il risque de déléguer de manière irresponsable. Par exemple, il pourra ne pas intégrer une dimension de contrôle ou ignorer le niveau d'autonomie du collaborateur.

Démocratique

Ce style consiste à faire participer les collaborateurs au processus de décision et à les encourager à travailler ensemble. Ensuite, le manager prend la décision de manière responsable sans obligatoirement se rallier à la majorité.

C'est un style qui associe l'équipe aux projets.

Si le manager n'a pas conscience de pratiquer ce style, il risque de pousser la démarche démocratique jusqu'à oublier qu'il est le décideur final. Par exemple, il pourra laisser se prolonger le débat jusqu'à obtenir un consensus pour chaque décision à prendre.

Bienveillant

Dans ce style, le manager se préoccupe de ses collaborateurs et de leur environnement. Sont-ils dans les meilleures conditions pour atteindre l'objectif ? Ont-ils les moyens pour réussir ? Il se positionne comme ressource de ses collaborateurs.

C'est un style qui crée les bonnes conditions de réussite.

Si le manager n'a pas conscience de pratiquer ce style, il risque de perdre de vue qu'il faut obtenir des résultats. Par exemple, il pourra rester focalisé sur les moyens et les conditions de réussite au détriment des résultats à obtenir.

Autocratique

Ce style décide, donne des ordres, sans consulter. C'est un style qui ne se préoccupe pas du « comment y arriver » mais de l'atteinte du résultat.

Ce style est le plus pertinent en cas d'urgence et de crise.

Si le manager n'est pas conscient de pratiquer ce style dominant, il risque d'oublier les hommes et de subir un turnover au-dessus de la normale. Par exemple, il pourra ignorer les conditions et les moyens nécessaires à la réussite, ce qui peut décourager ses collaborateurs.

Un seul style dominant ?

La majorité des managers accèdent à ce rôle en raison de leur sens des responsabilités et de leurs qualités d'engagement. La plupart du temps le manager adopte le style qui convient à son tempérament ou imite un style qu'il a vu pratiquer.

L'inventaire Process Com, en exploitant le questionnaire que le participant a rempli, révèle que le manager exerce un style ou deux de préférence. Il a tendance à exercer ce style dans toutes les situations et avec tous ses collaborateurs, indépendamment de leur profil. Or, ne pratiquer qu'un seul style managérial conviendra à certains profils et pas à d'autres.

Diversifier son style de management

En diversifiant ses styles, le manager s'épargne les affres des dysfonctionnements classiques, des incompréhensions, des conflits, des incompatibilités qui se traduisent par de la non-performance.

S'exercer à varier ses styles, c'est développer sa capacité à manager des profils différents. Le manager élargira son champ managérial pour manager des équipes plus nombreuses, plus diverses, avec plus de réussite.

Le tableau ci-dessous reprend une définition synthétique de chaque style. Il précise le meilleur style pour chaque profil ainsi que celui à éviter.

Tableau des styles de management pour chaque profil

Style	Descriptif	À adopter avec	À éviter avec
Autocratique	– Donne des ordres, des directives – Encourage à lui rendre compte – Peut décourager les interactions et les discussions	Promoteur Rêveur	Travaillomane Persévérant Empathique Rebelle

.../...

…/…

Style	Descriptif	À adopter avec	À éviter avec
Démocratique 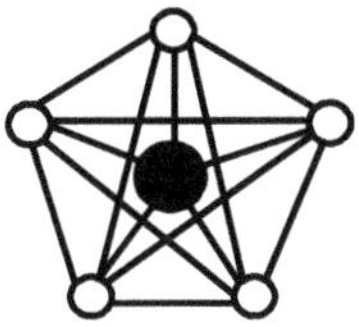	– Basé sur des principes d'interactions et de décision de groupe – Encourage les interactions tant avec lui qu'au sein du groupe – Sollicite l'information – Maintient l'autorité et prend les décisions	Travaillomane Persévérant	Promoteur
Bienveillant 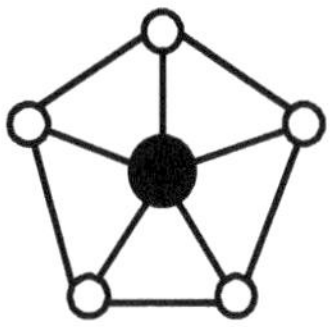	– Manager davantage orienté vers les personnes que vers la tâche ou l'activité intellectuelle – Invite à travailler dans un esprit d'équipe – Encourage les interactions bilatérales et les contacts – Encourage le sentiment d'appartenance	Empathique	Travaillomane Persévérant Rebelle Promoteur Rêveur
Laisser-faire 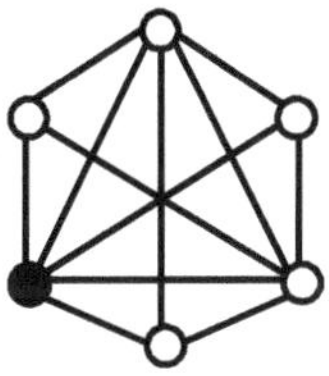	– Style encore moins directif que le participatif bien que le manager soit détenteur de l'autorité – Il invite les autres à assumer autant d'autorité et de responsabilité qu'ils le peuvent	Rebelle	Rêveur Promoteur Empathique Travaillomane Persévérant

Connaître les points forts de chaque profil

Chaque profil dispose de trois points forts spécifiques. L'énumération de ces dix-huit points forts fait rêver ! Selon son degré d'accès à un profil donné, la personne porte en elle ces trois points forts.

Alors même qu'une communication se dégrade, le regard sur les qualités de l'autre peut nous amener à avoir une lecture différente de cet interlocuteur. Cela peut avoir une incidence positive sur notre relation.

Tableau des trois points forts spécifiques de chaque profil

Persévérant	Travaillomane	Empathique	Rêveur	Promoteur	Rebelle
Consciencieux Observateur Engagé	Logique Organisé Responsable	Chaleureux Sensible Compatissant	Imaginatif Réfléchi Calme	Adaptable Persuasif Charmeur	Créatif Spontané Ludique

Avoir à l'esprit ces points forts peut amener le manager à encourager son collaborateur à exercer ses points forts. Ces points forts ne sont pas nécessairement visibles au premier coup d'œil. Ils incitent le manager à tenter de nouvelles actions pour mettre en performance ses collaborateurs !

Répondre positivement à la question existentielle de chaque profil

La Question Existentielle (QE) est une question qui tenaille, trotte dans la tête, consciemment ou inconsciemment. Elle est nommée existentielle, car c'est presque une question de vie ou de mort (psychologique) !

> La période la plus forte pour moi fut celle où Monsieur R. Aubron m'a confié, pour la première fois de ma carrière, la direction générale d'une société. Le niveau de perte de cette filiale dépassait les 10 % du chiffre d'affaires. J'avais du stress, car je ne savais pas si je serais l'homme de la situation. Mais j'étais surtout comblé par la confiance que m'accordait ce monsieur. Tant que je l'ai eu comme patron, j'ai toujours été très performant, car son management répondait à la question existentielle du profil Persévérant : « Suis-je digne de confiance ? »
>
> Quand je revisite les périodes de ma vie où j'ai été performant, ce sont celles où mon environnement me faisait confiance. *A contrario,* lors des périodes de ma vie où je n'ai pas été performant, mon environnement ne me faisait pas confiance.

La QE de chaque profil

Process Com attribue une question existentielle à chaque profil. Si notre environnement répond favorablement à notre question existentielle, cela nous rapproche de qui l'on est. Dans le cas inverse, cela nous en éloigne.

Persévérant : suis-je digne de confiance ?

C'est à la lumière de cette interrogation que le profil Persévérant écoute ses interlocuteurs.

Dans ce profil, si nous estimons que notre environnement n'a pas confiance en nous, nous perdons une partie de nos moyens. Si nous estimons que notre environnement nous fait confiance, nous sommes dans de bonnes conditions pour exprimer qui nous sommes.

Empathique : suis-je aimable ?

Cette question est présente dans les échanges du profil Empathique. Il interprète les propos de son interlocuteur en référence à cette question existentielle.

Dans ce profil, si nous estimons que notre environnement ne nous aime pas, nous perdons une partie de nos moyens. Si nous estimons que notre environnement nous aime, nous sommes dans de bonnes conditions pour exprimer qui nous sommes.

Travaillomane : suis-je compétent ?

La soif de reconnaissance portée par cette question est fondamentale. Elle peut aller jusqu'à pousser le profil Travaillomane à « en faire des tonnes » et à friser l'épuisement afin d'obtenir la reconnaissance de sa compétence. Cette question existentielle, nous pousse à avoir une attitude de « bon élève ».

Dans ce profil, si nous estimons que notre environnement nous considère comme incompétent, nous perdons une partie de nos moyens. Si nous estimons que notre environnement nous considère comme compétent, nous sommes dans de bonnes conditions pour exprimer qui nous sommes.

Rebelle : suis-je acceptable ? (M'acceptez-vous tel que je suis ?)

Ce profil s'évertue à se différencier du commun des mortels par quelques originalités plutôt drôles. Ces originalités peuvent aller jusqu'à être voyantes ou forcées. Le profil Rebelle vit dans le paradoxe de cette démarche qui peut aller jusqu'à le marginaliser.

Dans ce profil, si nous estimons que notre environnement nous considère comme une bête curieuse, nous perdons une partie de nos moyens. Si nous estimons que notre environnement nous accepte tel que nous sommes sans jugement, nous sommes dans de bonnes conditions pour exprimer qui nous sommes.

Promoteur : suis-je vivant ?

Ce profil n'a de cesse que de prendre des risques, en entamant des projets à risque. Dans sa relation à l'autre ou avec son environnement, il tentera des positions limites pour voir ce que cela fait… pour tester où est la limite.

Dans ce profil, si nous estimons que notre environnement ne présente aucun risque, nous pouvons être passif et attendre que de « meilleurs » moments se présentent à nous. Si notre environnement est « challenging », nous déploierons tous nos talents.

Rêveur : suis-je voulu ?

C'est une question douloureuse quand on se la pose enfant. Nous pouvons imaginer ce qu'elle génère une fois adulte, et le mal-être qu'elle peut engendrer. Rien ne se voit chez le profil Rêveur, tout se passe à l'intérieur.

Dans ce profil, si nous estimons que nous ne sommes pas voulus par notre environnement, nous perdons une partie de nos moyens. Si nous estimons être voulus par notre environnement, alors, nous sommes dans de bonnes conditions pour exprimer qui nous sommes.

Les questions existentielles, pour quelque profil que ce soit, peuvent nous rendre pathétiques si nous sommes pris à leurs pièges.

Le profil Travaillomane a le souci de répondre à sa question existentielle « Suis-je compétent ? » Il pourra aller jusqu'à vouloir démontrer sa compétence personnelle en tentant de faire mieux que mieux. Tant qu'il estime que sa compétence n'est pas reconnue, il peut mener cette démarche jusqu'à des cas extrêmes susceptibles de provoquer un burn-out (rupture liée à l'épuisement).

Un profil Rebelle, tenaillé par sa question existentielle « Suis-je acceptable ? », pourra pousser son plaisir d'être décalé jusqu'à se marginaliser vis-à-vis du groupe. Il peut s'en trouver exclu.

Tableau des questions existentielles liées à chaque profil

Profil	Question existentielle
Persévérant	Suis-je digne de confiance ?
Travaillomane	Suis-je compétent ?
Empathique	Suis-je aimable ?
Promoteur	Suis-je vivant ?
Rêveur	Suis-je voulu ?
Rebelle	Suis-je acceptable ?

Nous verrons dans la partie suivante de ce livre « For managers only » comment utiliser les questions existentielles en management.

Quiz

Avant de continuer ce livre

Le quiz ci-dessous vous permettra de valider le niveau d'acquisition de vos connaissances de la théorie du modèle Process Com. Si vous distinguez les assertions vraies des fausses dans plus de la moitié des propositions, vous êtes dans de bonnes dispositions pour tirer profit de la suite de ce livre. Cette suite propose nos développements réalisés pour le manager dans sa pratique au quotidien.

	Quels sont les principes de base de PCM ?	**Vrai ou faux ?**	**Pt**
1	La forme de la communication est encore plus importante que le fond.		
2	Chacun de nous dispose de six profils plus ou moins accessibles.		
3	La seule position qui permette à deux interlocuteurs de bien communiquer, c'est la position de vie : +/+		
4	Vous disposez de 6 profils en vous.		
5	La satisfaction du besoin psychologique nous donne l'énergie qui favorise la sortie du stress du profil dans lequel nous sommes.		
6	On peut changer de phase volontairement.		
7	Le changement de phase s'effectue à la suite d'un stress prolongé, de manière dynamique.		

Réponse : 1 – vrai ; 2 – vrai ; 3 – vrai ; 4 – vrai ; 5 – vrai ; 6 – faux ; 7 – vrai.

…/…

.../...

Attribuez les besoins psychologiques suivants à chaque profil : Reconnaissance inconditionnelle de la personne / besoins sensoriels / reconnaissance opinion / reconnaissance du travail / structuration du temps / solitude / qu'il sache dans le détail ce qu'il doit faire / excitation / contact.		
8	Quels sont les besoins psychologiques du profil Empathique ?	
9	Quels sont les besoins psychologiques du profil Persévérant ?	
10	Quels sont les besoins psychologiques du profil Travaillomane ?	
11	Quels sont les besoins psychologiques du profil Rêveur ?	
12	Quels sont les besoins psychologiques du profil Promoteur ?	
13	Quels sont les besoins psychologiques du profil Rebelle ?	
Attribuez 3 points forts à chacun des profils :		
14	Quels sont les 3 points forts du profil Persévérant ?	
15	Quels sont les 3 points forts du profil Travaillomane ?	
16	Quels sont les 3 points forts du profil Empathique ?	
17	Quels sont les 3 points forts du profil Rêveur ?	
18	Quels sont les 3 points forts du profil Promoteur ?	
19	Quels sont les 3 points forts du profil Rebelle ?	

.../...

.../...

Mécanismes d’échec		
20	Combien y a-t-il de degrés de stress ? 2 – 3 ou 4 ?	
21	Comment se nomme le premier degré de stress ?	
22	Que revêt-on nous quand on est en deuxième degré de stress ?	
Réponse : 20 – 3 ; 21 – driver ; 22 – un masque.		
Nommer les masques des profils suivants :		
23	Persévérant et Travaillomane	
24	Rebelle et Promoteur	
25	Empathique et Rêveur	
26	Pour que notre interlocuteur puisse sortir de son stress, qu’est-ce qui est le plus efficace ? 1/ Satisfaire son besoin psychologique 2/ Sa perception du monde 3/ Le canal de communication	
27	Quel profil PCM a le driver « sois parfait enfant » ?	
28	Quel profil PCM a le driver « sois parfait parent » ?	
29	Quel profil PCM a le driver « fais plaisir » ?	
30	Quel profil PCM a le driver « sois fort enfant » ?	
31	Quel profil PCM a le driver « sois fort parent » ainsi que « chacun pour soi ? »	

.../...

.../...

32	Quel profil PCM a le driver « ne comprend plus » ou « invite à l'effort » ?	
Réponse : 23 – attaquant ; 24 – blâmeur ; 25 – geignard ; 26 – besoin psychologique ; 27 – Travaillomane ; 28 – Persévérant ; 29 – Empathique ; 30 – Rêveur et Promoteur ; 31 – Promoteur ; 32 – Rebelle.		
Styles de management		
33	Quels sont les quatre styles de management tels que nommés par Process Com ?	
Réponse : autocratique, démocratique, bienveillant, laisser-faire.		
Attribuez le style de management dominant à chaque profil : bienveillant - laisser-faire - démocratique - autocratique.		
34	Quel est le style de management dominant du profil Empathique ?	
35	Quel est le style de management dominant chez les profils Travaillomane et Persévérant ?	
36	Quel est le style de management dominant chez les profils Rêveur et Promoteur ?	
37	Quel est le style de management dominant chez le profil Rebelle ?	
Réponse : 34 – bienveillant ; 35 – démocratique ; 36 – autocratique ; 37 – laisser-faire.		

Deuxième partie

For managers only

Le titre du livre est une promesse : « Process Com pour les managers ».

L'introduction donnait le ton : que nos développements fassent de Process Com un outil opérationnel pour le manager.

Le but de cet outil ?

Que le manager améliore son fonctionnement avec tout son environnement : sa hiérarchie, ses réseaux et qu'il puisse manager plus de profils différents et qu'il réussisse chaque année, plus facilement.

Cette deuxième partie et toute la fin du livre présentent les développements MANAGIS dispensés en exclusivité dans nos formations.

Ces développements sont déposés et sont la propriété de MANAGIS.

www.managis.com

CHAPITRE 4

Pratiquer Process Com en mode réflexe

Une découverte qui simplifie la pratique du manager

Un modèle pour un manager n'a d'intérêt que s'il est praticable en mode réflexe au quotidien. Or, contrairement à ses concurrents qui proposent quatre profils, Process Com en propose six, ce qui évite les caricatures et se rapproche de la réalité. Avec six profils, l'identification d'un profil est plus subtile. Il fallait donc procéder à des développements afin de rendre praticable ce modèle en mode réflexe avec un haut niveau de sûreté.

Première découverte : le profil du moment

Nous allons voir trois développements qui servent cet objectif :

- chez l'autre à un moment donné : un seul des six profils Process Com nous gêne ;
- une clé pour identifier le profil qui gêne sans se tromper ;
- une seule interaction (phrase) peut suffire pour améliorer ou rétablir un relationnel.

J'ai trois enfants. Avec mon aîné, j'étais toujours derrière lui : « *As-tu fait tes devoirs ? As-tu rangé ta chambre ? etc.* » Ma femme disait : « Mais tu es toujours derrière lui ? » Ma fille du milieu était un mystère quant à son fonctionnement. Ma dernière était ma petite chérie. Je me trouvais injuste d'avoir des relations différentes avec chacun de mes enfants.

Il m'est apparu qu'inconsciemment, j'étais dans un profil différent avec chacun d'entre eux. Avec mon aîné, j'étais dans mon profil Persévérant exigeant que Christophe soit parfait. Avec Céline, j'étais probablement dans mon profil Travaillomane incapable de lire son fonctionnement en mode Rebelle. Quant avec ma petite dernière, j'étais dans mon profil Empathique qui résonnait avec le sien.

Cette anecdote nous apprend que nous sommes dans un profil donné selon notre interlocuteur. D'ailleurs, chacun peut observer qu'avec tel ami, nous aurons tendance à parler politique, religion, philosophie, etc. (notre profil Persévérant). Avec tel autre ami, nous serons plutôt espiègle, joueur, taquin (notre profil Rebelle). Avec un autre ami, nous aurons envie de faire les quatre cents coups, de prendre des risques (notre profil Promoteur). Avec tel ami, nous serons seulement bien sans même avoir besoin de parler (notre profil Rêveur). Enfin avec celui-ci la relation sera pleine d'affection, de sentiments comme si nous nous connaissions depuis toujours... (notre profil Empathique).

Pour des raisons inconnues, inconsciemment, nous nous positionnons dans l'un de nos six profils selon notre interlocuteur.

Dans nos formations, chaque participant bénéficie d'un face-à-face individuel où nous traitons un cas relationnel non satisfaisant pour lui. Fin 1997, un manager me donne le cas de son assistante avec qui la relation est difficile, distante. Le profil identifié, c'est le profil Promoteur. Nous avions presque fini la séance quand le manager ajoute : « Ah ! j'oubliais... quand il y a grève de tramway, je conduis Marjorie en voiture à la gare. » Et là, elle me parle de son petit ami, de sa vie privée, etc. La relation est agréable. C'est comme si ce n'était pas la même personne. La relation est établie.

Probablement, Marjorie, dans la voiture, passait dans son profil Empathique. Cette anecdote illustre une dimension supplémentaire de la mobilité du modèle. Nous pouvons en conclure que non seulement, nous sommes dans un profil avec un interlocuteur donné et aussi qu'avec ce même interlocuteur, nous pouvons être dans un profil différent selon le sujet. Par exemple, un interlocuteur peut être dans un profil Promoteur au travail et dans un profil Empathique comme Marjorie dans une situation moins formelle.

***

Un de mes amis de longue date a épousé une délicieuse Écossaise avec qui je m'entends très bien. Sauf qu'un jour, peu après la mort de Lady Diana, la conversation est venue sur le Prince Charles que la presse décriait en ce qui concernait sa liaison. J'ai eu le malheur de prendre la défense du Prince Charles. J'ai eu beau abandonner la partie très vite, cette vive conversation a refroidi notre relation. Surpris, affecté, je n'ai pas eu la présence d'esprit de gérer la croisade de mon amie.

À RETENIR

Une personne est dans l'un de ses six profils selon son interlocuteur et le sujet de la conversation, les circonstances, en fait, selon son environnement !

Deuxième découverte : un modèle mobile

Généralement un collaborateur nous présentera le même profil. Mais ce même collaborateur peut présenter un autre profil avec quelqu'un d'autre.

Dans une entreprise où Process Com fait partie de leur culture, plusieurs collaborateurs avaient soumis en face à face le cas d'un dirigeant que je ne connaissais pas. Appelons-le Christian. Tous les cas soumis aboutissaient au même profil qui les gênait chez Christian. Un jour, je croise le DG de l'entreprise qui me prend à part et me demande :

– Dis, as-tu eu dans tes face-à-face le cas de Christian qui t'a été soumis, qu'est-ce que cela donne en Process Com ? Ses collaborateurs parlent d'un profil Promoteur qui leur pose problème ? Moi, je n'ai aucun problème avec Christian. Il me montre un profil Rebelle avec lequel je suis très à l'aise. Notre relation est idéale.

– Que se passe-t-il ?

– Il se passe la même chose pour chacun d'entre nous, nous sommes dans un profil ou dans un autre selon notre interlocuteur, selon notre environnement.

Si jamais, nous étiquetons nos interlocuteurs dans un profil, nous perdons une partie de la puissance de Process Com.

Dans nos formations, chaque journée commence par un exercice à l'issue duquel chaque participant identifie le profil dans lequel il estime être. Moins de 30 % des participants estiment être dans leur profil de base ; moins de 30 % estiment être dans leur profil de phase. D'un jour sur l'autre leur profil n'est pas le même. Le changement d'animateur est un des facteurs de ce changement.

Étiqueter une personne dans un profil, c'est limiter la puissance de Process Com. Dommage !

Troisième découverte : un seul profil nous gêne

Malgré cette mobilité, nous allons voir que la pratique du modèle Process Com est simple pour le manager grâce à deux découvertes que nous allons développer :

- ➢ un seul profil nous gêne chez un interlocuteur ;
- ➢ un système dichotomique évite les confusions d'identification entre les profils.

Souvenez-vous de l'anecdote avec Marjorie. Marjorie présentait son profil Promoteur en stress au travail. Sitôt qu'elle était dans une autre situation, par exemple, en voiture avec son manager pour aller à la gare, elle était dans un autre profil sans stress ce qui rendait la relation agréable.

En stress, Marjorie présentait à son manager le profil Promoteur. Seul le profil Promoteur de Marjorie gênait son manager. Sur plus de 3 000 cas a été vérifié ce qui peut être érigé en règle : chez un interlocuteur avec qui la relation n'est pas satisfaisante, un seul profil nous gêne.

Les participants à nos formations confirment que le même profil les gêne chez des interlocuteurs différents. Ce sera souvent un profil situé en haut de leur immeuble dans lequel ils ont peu d'énergie. La compréhension de ce profil Process Com leur apporte déjà un nouveau regard. La mise en œuvre d'interactions Process Com permettra de rétablir la communication, le relationnel.

Cette découverte simplifie la pratique de Process Com au quotidien par le manager.

À RETENIR

Au début, pour faciliter l'apprentissage, limitez-vous à devenir un expert du profil qui vous gêne le plus. Après vous élargirez votre pratique à un autre profil qui vous gêne et ainsi de suite.

Un modèle sûr en deux étapes

Première étape : identifier le profil qui gêne en mode réflexe

Les six profils de Process Com offrent une finesse d'action qui rend ce modèle plus efficace. La première action consiste à identifier le profil qui gêne. Comment ne pas faire de confusion ?

Nos travaux ont consisté à élaborer une méthode pour identifier à coup sûr, en mode réflexe, le profil qui nous gêne chez notre interlocuteur.

La règle suivante permet d'éviter les risques de confusion. En effet, certains profils peuvent avoir des formes apparemment similaires. Nous pouvons, au début, hésiter entre les profils Rêveur et Travaillomane, entre les profils Empathique et Rebelle, entre les profils Promoteur et Persévérant.

Même s'il n'y a pas d'effet pervers à se tromper, se tromper aboutit à une « non-efficacité ».

Souvenez-vous du chapitre consacré à la « perception du monde ». C'est l'une des trois composantes d'une interaction Process Com. Nos travaux nous ont amenés à formuler l'entrée en relation de manière particulière :

- le profil *Persévérant* **C**herche à **E**ntrer en **R**elation (**CER**) par le biais des opinions ;
- le profil *Travaillomane* **C**herche à **E**ntrer en **R**elation (**CER**) par le biais des faits ;
- le profil *Empathique* **C**herche à **E**ntrer en **R**elation (**CER**) par le biais des émotions (sentiments).

Les trois autres profils entrent en relation d'une autre manière :

- le profil *Rêveur* **E**ntre en **R**elation essentiellement **Q**uand (**ERQ**) il y est obligé ou invité ;
- le profil *Promoteur* **E**ntre en **R**elation essentiellement **Q**uand (**ERQ**) il y voit une opportunité ;
- le profil *Rebelle* **E**ntre en **R**elation essentiellement **Q**uand (**ERQ**) il vise la réaction de l'autre, en provoquant pour s'amuser.

Persévérant	**Travaillomane**	**Empathique**	**Rêveur**	**Promoteur**	**Rebelle**
Cherchent à **E**ntrer en **R**elation par le biais de… (**CER**)			**E**ntrent en **R**elation essentiellement **Q**uand… (**ERQ**)		
Opinions	Faits	Émotions	Il y est invité	Il voit une opportunité	Il vise la réaction de l'autre (*)

* Pour que la relation (contact) s'établisse.

Avant toute identification, la méthode consiste à se poser la question : est-ce que mon interlocuteur Cherche à Entrer en Relation (CER) avec moi ? ou est-ce que mon interlocuteur Entre en Relation essentiellement Quand… (ERQ) avec moi ?

Cette dichotomie présente l'avantage d'éviter les confusions courantes.

La confusion possible entre les profils Rêveur et Travaillomane disparaît puisque le profil Rêveur est **ERQ** alors que le profil Travaillomane est **CER**.

La confusion possible entre les profils Empathique et Rebelle disparaît puisque le profil Empathique est **CER** alors que le profil Rebelle est **ERQ**.

La confusion possible entre les profils Persévérant et Promoteur disparaît puisque le profil Persévérant est **CER** alors que le profil Promoteur est **ERQ**.

Grâce à une seule question, la dichotomie des six profils nous amène à ne plus nous intéresser qu'à trois profils sur six et ainsi à accélérer l'identification du profil qui nous gêne.

Comment identifier CER ou ERQ

Dans une interview, Jean-Marie Cavada demande à Olivier de Kersauzon de parler de son métier de navigateur autour du monde. OdK répond : « *Même quand vous ne gagnez pas, vous avez de vrais bonheurs.* »

Dans cet échange, Olivier de Kersauzon est **ERQ** car il ne cherche pas à entrer en relation.

Prenons un autre exemple. Jacques dit à un interlocuteur : « *Il paraît que tu…* » ou « *Les gens présents ont considéré que tu avais loupé le coche.* »

Dans ces deux exemples, Olivier de Kersauzon et Jacques ne s'approprient pas l'information. Ils ne parlent pas en leur nom.

Dans ce deuxième exemple, il s'agit également de phrases en **ERQ**. Jacques fait parler les autres « il paraît que » et « les gens présents ont considéré ».

S'expriment en **ERQ** les profils Rêveur, Promoteur et Rebelle.

Pour mieux comprendre, prenons les phrases ci-dessus et voyons comment elles auraient été exprimées par un profil **CER** (Persévérant, Travaillomane, Empathique).

Tableau phrases et profils

Cherche à Entrer en Relation (CER)	**Entre en Relation essentiellement quand (ERQ)**
Même quand je ne gagne pas, j'éprouve de vrais bonheurs.	Même si vous ne gagnez pas, vous avez de vrais bonheurs.
J'ai remarqué que tu…	Il paraît que tu…
À mon sens, je considère que tu as loupé le coche.	Les gens présents considèrent que tu as loupé le coche.

Une fois qu'il maîtrise la dichotomie **CER/ERQ**, le manager gagne en rapidité et en sécurité d'identification. Il peut pratiquer Process Com en mode réflexe. Les managers les plus performants sont ceux qui maîtrisent cette première question **CER/ERQ** :

- ➢ est-ce que mon interlocuteur « **C**herche à **E**ntrer en **R**elation » avec moi ?

➢ est-ce que mon interlocuteur « **E**ntre en **R**elation essentiellement **Q**uand » avec moi ?

Comment débusquer le ERQ

Pour familiariser le lecteur à l'identification des phrases en ERQ, voici une définition des profils **ERQ**.

Définition : les trois profils ERQ (Rêveur, Promoteur, Rebelle) expriment leurs opinions ou leurs émotions **sans qu'on sache** vraiment s'il s'agit des leurs.

Pour éclairer cette définition, voyons sept manières de parler ERQ pour exprimer ses opinions ou ses émotions sans que nos interlocuteurs sachent s'il s'agit des nôtres :

1. La stratégie la plus courante, consiste à **faire parler les autres**.

« Les gens présents considèrent que tu as loupé le coche. »

L'usage de pronoms impersonnels fait que l'autre ne sait pas si nous exprimons nos propres opinions ou émotions :

« Il y a une idée fondamentale : etc. »

2. Formuler des **phrases à la cantonade**, alors qu'elles s'adressent à son interlocuteur, celui-ci doit deviner qu'elles lui sont adressées.

Un couple est seul dans la pièce, le mari lance :

« Zut ! la voiture est mal garée ! »

3. Par une absence d'implication évidente.

« Ce n'est pas normal qu'il ne fasse pas son boulot. »

Le moyen de vérifier s'il s'agit de ERQ : se demander comment s'exprimerait un profil qui **C**hercherait à **E**ntrer en **R**elation. Ce serait : « Je ne trouve pas normal, etc. »

4. En évitant de demander : les profils ERQ ont toutes les peines du monde à formuler une demande comme par exemple : *« Je te demande. »*

« Je n'y arrive pas avec cette application informatique. »
(en espérant que son voisin va proposer de l'aider).

5. En balançant des maximes (aux couleurs de Persévérant) :

« Tout flatteur vit aux dépens de celui qui l'écoute. »
À bien l'écouter, la maxime est en +/-.

6. En coupant la relation, même avec l'emploi du « je ».

« Je veux bien mais je le ferai à ma façon. »

Les dialogues cités sont des extraits des exercices travaillés dans les ateliers des formations MANAGIS.

L'entrée en relation **CER** ou **ERQ** est la première question pour identifier le profil qui gêne. Elle divise par deux le nombre de profils parmi lesquels choisir. Cette question accélère l'identification du profil qui gêne et évite les confusions évoquées plus haut. C'est la première clé de la pratique de Process Com pour le manager.

Une fois qu'il maîtrise la dichotomie CER/ERQ, le manager gagne en rapidité et pratique Process Com en mode réflexe.

Nous allons voir qu'une seule interaction (phrase) au modèle Process Com peut suffire à rétablir ou améliorer la relation. Et donc améliorer le fonctionnement avec son interlocuteur. L'action de Process Com est fulgurante.

Deuxième étape : une seule interaction peut suffire !

Maintenant, nous savons qu'un seul profil nous gêne chez l'interlocuteur avec qui la relation ne nous satisfait pas. Nous savons aussi identifier son profil de façon fiable grâce à la question **CER/ERQ**. Voyons à quelle vitesse la relation peut se rétablir ou s'améliorer.

Dans plus de 90 % des cas, une seule interaction Process Com suffit pour que l'autre retrouve 100 % d'énergie et donc sorte de son stress. Les managers praticiens le disent : *« C'est magique ! »*

L'interaction Process Com est bâtie avec les trois éléments du Processus Process Com :

- le besoin psychologique ;
- le canal de communication ;
- la perception du monde.

Sitôt cette interaction entendue, notre interlocuteur passe :

- soit du second degré de stress au premier degré de stress ;
- soit du premier degré de stress à zéro stress ;
- soit directement du second degré de stress à un état de non stress. Non seulement, c'est un état de non stress mais son

énergie est à 100 %, niveau où il retrouve la pleine possession de toutes ses facultés.

À 100 % d'énergie, la plupart du temps, notre interlocuteur passera dans un profil (voisin) et donc un profil autre que celui qui nous gêne. C'est ce qu'indique la flèche horizontale ci-dessous.

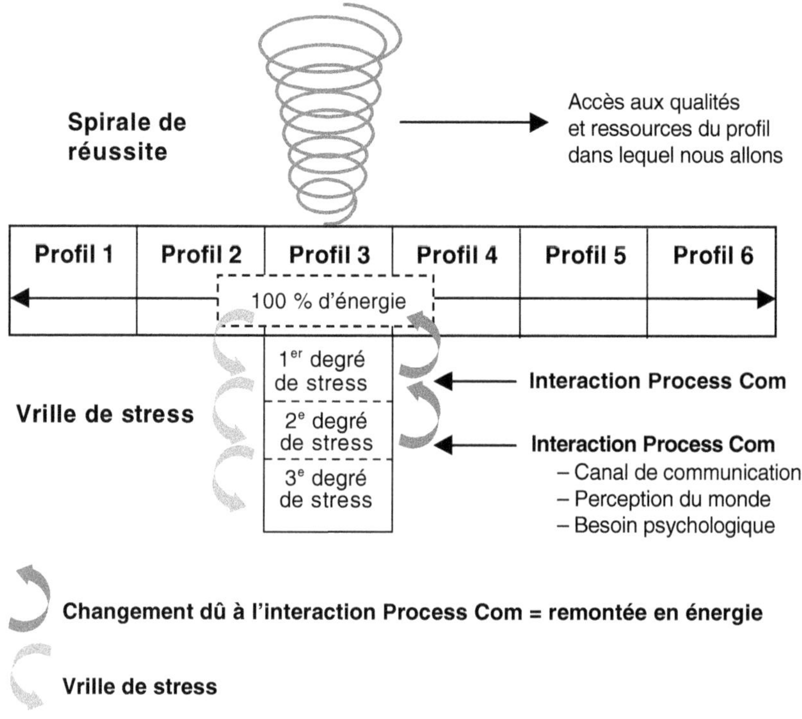

NB : cette représentation est celle utilisée par l'auteur pour des raisons pédagogiques.

À RETENIR

Tant que nous sommes en stress dans un profil donné, c'est comme si nous étions en prison dans ce profil, condamnés à y rester tant que nous sommes en stress. Tandis qu'à 100 % d'énergie, nous sommes capables de voyager dans nos différents profils en fonction de notre interlocuteur et du sujet. Nous retrouvons de la mobilité.

.../...

.../...

Sitôt que nous aurons exprimé une interaction Process Com dans le profil en stress de notre interlocuteur, celui-ci remontera dans son énergie, soit il passera du second degré de stress au premier degré de stress, soit il passera du premier degré de stress à 100 % d'énergie. Une fois à 100 % d'énergie, soit la communication va se rétablir dans le profil qui nous gênait, soit notre interlocuteur ira dans un autre profil qui ne nous gêne pas. Dans les deux cas, le relationnel se rétablit. Et la collaboration peut reprendre au meilleur niveau.

Ce qui est remarquable avec Process Com, c'est que nous n'avons pas à nous adapter en permanence à notre interlocuteur, ce qui serait épuisant. Après avoir exprimé une ou deux interactions (phrases) au modèle Process Com, nous pouvons de nouveau être nous-mêmes et fonctionner avec naturel (facilement) avec notre interlocuteur.

CHAPITRE 5

Utiliser les clés de Process Com

Dans la partie précédente du livre, nous avons présenté deux éléments constitutifs du modèle Process Com. Si ces fondamentaux du modèle sont assurément très pertinents, leur mise en pratique n'est que peu expliquée ou développée, et ils sont rarement présentés dans les livres. Il s'agit des trois points forts que porte chaque profil et de la question existentielle inhérente à chacun d'eux. Nos travaux proposent la mise en pratique au quotidien par le manager de ces deux éléments.

Les points forts de chaque profil

Au chapitre 3, nous avons vu que pour chacun de nos six profils, nous disposons de trois points forts.

Persévérant	Travaillomane	Empathique	Rêveur	Promoteur	Rebelle
Consciencieux	Logique	Chaleureux	Imaginatif	Adaptable	Créatif
Observateur	Organisé	Sensible	Réfléchi	Persuasif	Spontané
Engagé	Responsable	Compatissant	Calme	Charmeur	Ludique

Que faire avec les points forts en management ?

Donner la possibilité à nos collaborateurs d'exercer leurs points forts, c'est leur donner l'occasion d'exceller, de les mettre dans une spirale de réussite. C'est contribuer à renforcer leur niveau de confiance en soi. C'est les connecter à la réussite et donc élever leur envie de réussir. Tout d'abord, identifiez le profil que vous présente votre collaborateur. Ensuite, voyons comment manager ses points forts.

Profil Persévérant

Confier une mission à une personne qui présente le profil Persévérant, c'est la garantie d'avoir quelqu'un de très impliqué.

Il faudra s'assurer que son exigence naturelle ne décourage pas les meilleures volontés.

Profil Travaillomane

Confier un projet à une personne qui présente le profil Travaillomane, c'est la garantie que le travail sera bien fait, avec rigueur.

Il faudra s'assurer que son perfectionnisme ne l'empêche pas de déléguer.

Profil Empathique

Confier un projet à une personne qui présente le profil Empathique, c'est la garantie que la personne établira un relationnel unique.

Il faudra lui donner le droit à l'erreur pour qu'elle ose prendre des initiatives.

Profil Rêveur

Confier un projet à une personne qui présente un profil Rêveur, en faisant appel à son imagination, c'est la garantie que la personne saura travailler seule.

Il faudra lui imposer un processus de reporting régulier pour s'assurer qu'elle vous informe des difficultés rencontrées.

Profil Promoteur

Confier un projet à une personne qui présente un profil Promoteur, c'est la garantie que tout sera tenté pour réussir, si le jeu en vaut la chandelle ou si le challenge est ambitieux.

Il faudra préciser à la personne les règles et les limites de sa délégation pour qu'elle n'empiète pas hors de son périmètre ou ne transgresse pas les règles.

Profil Rebelle

Confier un projet à une personne qui présente un profil Rebelle, en faisant appel à sa créativité, c'est la garantie de bénéficier de l'innovation.

Il faudra « abuser » des félicitations et mettre la personne en force de proposition afin qu'elle ne s'installe pas dans la récrimination.

Les questions existentielles de chaque profil

Dans le chapitre 3, nous avons vu l'enjeu de chaque « question existentielle » : si notre collaborateur estime que son environnement répond négativement à la question existentielle de son profil, il perdra une partie de ses moyens. S'il estime que son environnement répond positivement, il sera dans de bonnes conditions pour déployer tous ses talents.

Pour nous managers, les questions existentielles sont un levier de déploiement des talents de nos collaborateurs ! Les « besoins psychologiques » et les « questions existentielles » sont les deux leviers d'action les plus puissants de Process Com. Mais comment les utiliser dans notre management au quotidien ?

Une fois le profil de notre collaborateur identifié, il faut savoir que celui-ci va « scanner » tout ce que nous allons dire ou faire vis-à-vis de lui à la lumière de la question existentielle de son profil. Sa lecture, sa perception vont soit lui faire perdre une partie de ses moyens ou, au contraire, générer le déploiement de ses talents.

Félicitations, remerciements, encouragements

Dans notre formation « Manager Par les Entretiens », sur les trois jours, nous consacrons une demi-journée aux « félicitations, remerciements et encouragements ». Nous allons jusqu'à préconiser d'épier, de guetter, d'espionner ce que font de bien nos collaborateurs pour les féliciter, les remercier, les encourager.

Intégrer la question existentielle dans une félicitation démultiplie la puissance de son effet.

Dans les rubriques, ci-dessous, nous utilisons le qualificatif « félicitation ». « Félicitation » intègre les remerciements et les encouragements.

Persévérant : suis-je digne de confiance ?

Le manager qui exprime au profil Persévérant combien il a confiance en lui crée les conditions pour que celui-ci déploie tous ses talents. La « Félicitation » est un acte managérial propice pour témoigner la confiance que nous lui accordons.

Empathique : suis-je aimable ?

Le manager qui exprime son attachement au profil Empathique crée les conditions pour que celui-ci déploie tous ses talents.

La « Félicitation » est un acte managérial propice pour témoigner son intérêt à une personne de profil Empathique.

Travaillomane : suis-je compétent ?

Le manager qui exprime au profil Travaillomane combien il apprécie sa compétence crée les conditions idéales pour que celui-ci déploie tous ses talents.

La « Félicitation » est un acte managérial propice pour dire au profil Travaillomane combien nous apprécions sa compétence.

Rebelle : suis-je acceptable ? (m'acceptez-vous tel que je suis ?)

Le manager qui accueille le profil Rebelle tel qu'il est, sans jugement, va renforcer son niveau de « confiance en soi ». Celui-ci sera dans les conditions idéales pour déployer tous ses talents.

La « Félicitation » est un acte managérial propice pour dire au profil Rebelle combien nous l'apprécions, notamment quand il aura eu une attitude originale.

Promoteur : suis-je vivant ?

Le manager qui donne des occasions de prendre des risques, d'aller là où d'autres n'ont jamais osé aller, crée les conditions pour que le profil Promoteur déploie tous ses talents.

La « Félicitation » est un acte managérial propice pour souligner la prise de risques que ce profil Promoteur a engagé dans le respect des règles de l'entreprise.

Rêveur : suis-je voulu ?

Le manager qui exprime au profil Rêveur combien il est la personne souhaitée dans le rôle qui lui est attribué crée les conditions pour qu'il déploie tous ses talents.

La « Félicitation » est un acte managérial propice pour dire au profil Rêveur combien il a sa place dans l'équipe.

Choisir entre deux questions existentielles !

Si jamais vous hésitez entre deux profils pour un collaborateur, essayez la question existentielle de l'un puis celle de l'autre. La différence d'effet produit indique de manière évidente la question existentielle concernée. Ce sera une occasion supplémentaire de pratiquer la « Félicitation » !

Félicitez ! Remerciez ! Encouragez !

Beaucoup de managers sont souvent en peine de lâcher leurs félicitations.

Le profil Travaillomane aura tendance à considérer que faire quelque chose de bien, c'est normal.

Le profil Persévérant considèrera qu'il est possible de mieux faire.

Le profil Empathique peut être timide ou exprimer sa félicitation avec trop de pudeur.

Le profil Promoteur ne félicitera que si les résultats sont là, quasiment jamais pour les moyens mis en œuvre.

Le profil Rêveur n'en pensera pas moins mais ne l'exprimera pas.

Le profil Rebelle, évitera une félicitation académique. Le collaborateur devra « décoder » !

Beaucoup de managers sont en panne de félicitation ou n'en dispensent pas assez. La félicitation est cependant un levier de performance. Les points forts de nos collaborateurs sont une source d'inspiration pour les féliciter encore et encore !

Les processus managériaux et les six scénarios de vie

Chez certains tennismen, le fait d'être sur le point de gagner un match, fait que leur jeu se dérègle. C'est comme si une certaine « peur de gagner » s'emparait d'eux. Ils commencent à ne plus lâcher leurs coups. Ils jouent « petit bras ». Ils finissent par perdre à cause de ce mécanisme d'échec.

Si notre joueur de tennis ne se préoccupe pas de ce mécanisme d'échec, chaque fois qu'il sera en passe de gagner, son bras tremblera de nouveau... L'un des rôles des coachs sportifs est de déprogrammer ces scénarios qui privent leurs joueurs des meilleures réalisations.

Process Com propose six « scénarios de vie ». Nous allons les décrire pour permettre au manager de les repérer chez leurs collaborateurs.

Nous avons développé une action managériale pour chacun d'eux. Cette action managériale est proposée après chaque description. Un tableau récapitulatif synthétise ces actions.

Scénario « Après »

Le scénario « *après* » est « joué » inconsciemment par le profil Empathique.

Sous stress, le profil Empathique a tendance à ne pas se sentir reconnu en tant que personne et à douter de sa capacité à être aimé. Ce doute l'imprègne d'un certain pessimisme concernant l'avenir. Son scénario de vie se nomme « après ».

Voici un dialogue caractéristique :

Question : Comment va ton business ?

Scénario après : Pour l'instant, je suis en ligne, mais le deuxième semestre risque d'être moins bon !

Commentaire : ça va aujourd'hui mais après !

Une conférence téléphonique a pour objet de faire le point sur un projet. Au fur et à mesure que nous passons en revue les objectifs du projet, le chef de projet annonce pour chacun d'eux que ça va pour le mieux. Je remarque que les smileys de son reporting ne sont pas verts mais orange ou rouge selon les cas. Chaque fois que je le lui fais remarquer, il me répond qu'il n'est pas sûr de pouvoir tenir ce niveau de réussite dans la durée. J'entends là le scénario « après ». Je décide donc de dire à ce chef de projet qu'il est évident que son client l'apprécie. Nous avons ensuite tenté d'imaginer les événements qui pourraient inverser la situation. Enfin, je me suis assuré que chaque acteur de la réunion avait bien un rôle d'aide vis-à-vis du chef de projet.

Sitôt que le manager entend des structures de phrase du type « Ça va mais cela ne va pas durer », il est face au scénario de vie « après ». Une action managériale spécifique est indiquée.

Processus managérial

Comment agir une fois le scénario de vie « après » repéré chez un collaborateur ?

1. Satisfaire le besoin psychologique « reconnaissance inconditionnelle de la personne », par exemple : « Je suis sûr que tu es l'homme de la situation. »
3. L'inciter à l'action afin qu'il agisse pour que la situation ne se dégrade pas ou que les conséquences soient minimes.
4. Conclure par le style de management bienveillant, par exemple : « *As-tu besoin d'aide* ? etc. »

Scénario « Jusqu'à ce que »

Il s'exprime souvent par « tant que… ».

Le scénario « jusqu'à ce que » est « joué » inconsciemment par les profils Travaillomane et Persévérant.

Ces profils ont tendance à vouloir que les choses soient parfaites.

Exemple Travaillomane

Tant que (jusqu'à ce que) je n'ai pas tous les éléments, je ne peux pas engager le processus.

Le profil Travaillomane estime avoir besoin de tous les moyens avant d'engager une action ou de l'annoncer.

Exemple Persévérant

Tant que (jusqu'à ce que) je n'aurai pas perçu la finalité de ce qui est à mener, je ne vais pas l'entreprendre.

Le profil Persévérant a besoin de savoir dans quelle perspective va s'inscrire son action avant de l'engager ou de l'annoncer.

Ce scénario retarde la mise en action de ces deux profils et peut les mettre en danger !

Un DSI (directeur du système d'information) avait une relation qui se dégradait avec son directeur général, à tel point que leur collaboration touchait à sa fin. Dès la première séance de coaching, j'ai demandé à Yves de me présenter ses projets : il les menait de main de maître. Je lui ai dit que le DG devait être comblé par cette situation. Je l'ai entendu me répondre : « Je ne lui dirai rien, tant que je ne serai pas sûr de tenir les échéances. »

Le « tant que » « (jusqu'à ce que) m'a interpelé.

Je lui ai dit que j'étais impressionné par les délais annoncés et que ces délais montraient sa compétence. Ensuite, je lui ai demandé la marge de retard qu'il risquait d'avoir et comment il gérerait la situation si ce retard devait se produire. Il a trouvé des solutions facilement.

Au comité de direction suivant, il a pris l'initiative d'annoncer la date opérationnelle de l'ERP (progiciel de gestion) ainsi que la mise à disposition du portail pour les commerciaux. Le DG a été prévenant avec lui, lui demandant même s'il ne prenait pas trop de risques dans ses engagements. Le DSI a réussi à tenir tous les délais.

Processus managérial

Comment agir une fois le scénario de vie « jusqu'à ce que » identifié chez un collaborateur ?

Satisfaire les besoins psychologiques des profils Travaillomane et Persévérant. Dans notre exemple : la reconnaissance du travail, la reconnaissance des opinions, la structuration du temps.

Conclure par le style de management démocratique : « Qu'est-ce que tu feras si ça rate ? » ou « Comment vas-tu agir si les délais ne sont pas tenus ? », « Quels bénéfices as-tu de faire l'annonce des délais dès maintenant ? ».

Scénario « Jamais »

Le scénario « jamais » est inconsciemment « joué » par le profil Rêveur.

Selon les circonstances, le profil Rêveur vit avec la croyance « je n'obtiendrai jamais ce que je désire le plus. Je suis seul ».

Phrase caractéristique du scénario jamais : « Je ne m'en sortirai jamais. »

> Le directeur marketing d'une grande entreprise française m'envoie le mail suivant : « Éric G. et moi avons aujourd'hui des difficultés lourdes et croissantes. Nous nous demandons s'il ne faut pas le licencier. Pendant 4 ans, il nous a donné satisfaction. Sa formation et ses qualités imaginatives nous ont amenés à le nommer marketeur. Nous lui avons donné plusieurs projets à piloter. Depuis, rien ne va plus. Il ne tient pas ses objectifs et il ne semble pas comprendre ce qu'on lui reproche, il n'arrive pas à travailler en groupe. Il ne se rebelle pas, ne dit rien et ne propose rien. Maintenant, on le sent tétanisé quand il nous croise. Compte tenu de son profil Rêveur, nous lui avons donné des tâches détaillées avec délai… mais cela ne donne rien. Il faut arriver à sortir de cette impasse… avec lui. »

Mes recommandations ont été les suivantes :

1. évaluer avec lui le temps qu'il a pour réaliser ses tâches ;
2. lui dire : « Dis-moi sur quels points tu souhaites que je te contrôle. »

Aux dernières nouvelles, la situation est redevenue quasiment normale.

Processus managérial

Comment doit agir le manager qui identifie le scénario de vie « jamais » chez un de ses collaborateurs ?

1. Satisfaire les besoins psychologiques du profil Rêveur en lui faisant réaliser qu'il a du temps devant lui et l'aider à définir ses priorités. Quand le profil Rêveur réalise qu'il a du temps, il peut satisfaire son besoin de solitude.
2. Lui demander qu'il identifie les points sur lesquels il souhaite être supervisé.
3. Conclure par le style de management autocratique : « Reporte-moi cinq jours avant chaque échéance pour m'assurer que tout est ok. »

Scénario « Toujours »

Le scénario « toujours » est « joué » inconsciemment par les profils Rebelle et Promoteur.

Ces profils ne veulent rien perdre des avantages des différents choix qui s'offrent à eux. C'est pourquoi ils n'arrivent pas à se décider.

Phrase caractéristique du scénario « toujours » : « Si je choisis telle solution, je perds tel avantage ; par contre, si je choisis l'autre, je perds cet élément de l'autre solution ! »

Profil Promoteur : Un ami DG me consulte, car son commercial responsable grands comptes est venu lui dire qu'il avait une offre d'une entreprise dont il connaissait l'équipe. Non seulement on lui confie une belle responsabilité, mais surtout 25 % de salaire supplémentaire. Le DG n'a aucun doute sur le profil Promoteur de ce collaborateur dont les talents sont nécessaires à l'entreprise pour affronter la crise de ce secteur. Le DG n'a aucune marge de manœuvre pour réviser son salaire...

Il l'a « joué » ainsi :

1. « Est-ce que tu estimes avoir fait toutes tes preuves dans notre entreprise ? » (besoin psychologique : excitation).
2. « Lequel des deux projets est le plus challenging à réaliser ? L'entreprise va bientôt fusionner : je te donnerai des informations.
3. « Jacques, saisis la situation qui présente le plus d'opportunités. »

Processus managérial (profil Promoteur)

1. Satisfaire les besoins psychologiques du profil Promoteur : excitation. Ici, le contexte permettait de lui demander s'il avait fait ses preuves (ce n'était pas le cas...).
2. Lui faire valider sa décision au regard de la satisfaction de son besoin psychologique : où sont les opportunités à saisir ?
3. Conclure par le style managérial autocratique.

Profil Rebelle : Une amie est venue me solliciter, car elle avait une décision à prendre et elle n'arrivait pas à faire son choix. Elle accompagnait des chefs de projets depuis un an et demi chez un constructeur informatique. Tout était pour le mieux dans le meilleur des mondes, sauf qu'elle venait d'être sollicitée par une grande entreprise française. Elle en était très flattée et surtout l'état de plusieurs projets était si délabré que tout était à créer !

Son dilemme (scénario toujours) était soit de rester avec une équipe dynamique, sympa, avec un boulot intéressant, soit de découvrir de nouveaux acteurs, d'être partout pour redresser la situation et de faire preuve de créativité.

Après avoir plaisanté sur la star qu'elle devenait, sollicitée de partout (besoin psychologique), je lui ai dit qu'elle serait aussi performante dans l'une que dans l'autre situation (renforcement de sa confiance en soi) et je l'ai invitée à regarder la situation en prenant en compte ce qui lui donnait le plus d'énergie. Son choix a été rapide : elle a accepté l'offre qui lui était faite de mener plusieurs projets de front, de faire preuve de créativité, d'avoir une foultitude d'interlocuteurs, etc. Elle a eu beaucoup de succès dans sa nouvelle entreprise.

Processus managérial (profil Rebelle)

1. Satisfaire les besoins psychologiques du profil Rebelle : contact, en y mêlant de la plaisanterie ou de la légèreté.
2. Lui faire valider sa décision au regard de la satisfaction de son besoin psychologique et des points forts du profil Rebelle : créativité.
3. Conclure par le style de management laisser-faire.

Scénario « Presque I »

Le scénario « presque I » est « joué » inconsciemment par les profils Rebelle et Empathique.

Ce scénario de vie est en place quand une personne a ces deux profils : l'un en base et l'autre en phase (motivation). Le manager au quotidien n'est pas obligé de mémoriser cette explication d'expert.

Phrase caractéristique de ce scénario : « Juste au moment où j'allais être nommé chef... Si seulement la place avait été libre... »

Marc, chef de projet, a en charge une application à gros enjeu pour le client. Pour honorer la première présentation du vendredi, il met la pression sur son équipe, qui marne de 6 heures à 22 heures tous les jours de la semaine. Au matin du vendredi, le client ne donne aucun signe de vie. Marc finit par l'appeler. Le client est tout étonné... Marc avait oublié de le prévenir du rendez-vous !

Rendez-vous fut pris pour la semaine suivante, mais Marc en fut physiquement malade tout le week-end.

Comment le manager de Marc aurait-il pu faire en sorte que son collaborateur ait de bonnes chances de se sortir de son scénario de vie et de ne pas gâcher son week-end ? Et aussi contribuer à ce que Marc se déprogramme de ce scénario de vie ?

Processus managérial

1. Satisfaire les besoins psychologiques du profil Empathique : reconnaissance inconditionnelle de la personne.
2. L'inviter à organiser un pot avec son équipe et l'inciter à choisir quelqu'un de son entourage pour l'accompagner dans les dernières lignes droites (contact).

Proposition pour le cas ci-dessus : « Pas de souci, tu es l'homme de la situation. Le travail a été fait, je suis content de ce que tu as fait. Organise la fête avec ton équipe et je t'invite à choisir l'un d'entre eux pour valider systématiquement tes fins de projets. »

Scénario « Presque II »

Le scénario « presque II » est « joué » inconsciemment par les profils Empathique et Travaillomane ou Persévérant.

Ce scénario de vie se « joue » quand une personne a la combinaison du profil Empathique soit avec le profil Travaillomane soit avec le profil Persévérant. Le manager au quotidien n'est pas obligé de mémoriser cette explication d'expert. Il lui suffit d'identifier le scénario. Celui-ci se présente de la manière suivante : le collaborateur réussit ses performances, mais simultanément quelque chose ne va pas.

Exemple : « Oui, j'ai atteint mes objectifs, mais je n'ai pas réussi à renouveler le contrat de tel (petit) client. »

Le directeur commercial a doublé le chiffre d'affaires prévu à l'objectif. Son manager le félicite, mais le directeur commercial répond : « Oui, mais aucune des affaires signées n'est supérieure à 5 millions d'euros. »

Processus managérial

1. Satisfaire les besoins psychologiques du profil Empathique.
2. Célébrer la réussite (faire la fête).
3. Exercer le style de management démocratique et proposer son aide. Est-ce que tu as besoin d'aide ? Si oui, tu peux me solliciter.

Proposition pour le profil Travaillomane

« Il fallait de sacrées qualités humaines pour réussir. Sans ton niveau de *compétence*, tu n'aurais jamais atteint les 5 millions. Cela vaut la peine de célébrer cette réussite. »

Commentaire : cette interaction met en œuvre la question existentielle du profil Travaillomane : « suis-je compétent ? ».

Proposition pour le profil Persévérant

« Il fallait de sacrées qualités humaines pour réussir. Sans la confiance que tu as pu inspirer, tu n'aurais jamais atteint les 5 millions. Cela vaut la peine de célébrer cette réussite. »

Commentaire : cette interaction met en œuvre la question existentielle du profil Persévérant : « suis-je digne de confiance ? ».

À RETENIR

L'identification du scénario de vie se fait soit à partir de la mémorisation des structures types de phrases, soit par l'observation d'un comportement.

Tableau récapitulatif : repérer le scénario de vie

Phrase type	Observation	Scénario de vie	Profil
Ça va, mais ça ne va pas durer.		Après	Empathique
Tant que je n'ai pas tous les éléments, je ne passe pas à l'action.		Jusqu'à ce que	Travaillomane Persévérant
Tant que je ne sais pas dans quelle perspective cela s'inscrit, je ne passe pas à l'action.		Jusqu'à ce que	Persévérant
Je ne vais jamais y arriver.		Jamais	Rêveur
Si j'accepte cette promotion, je vais devoir déménager.	N'arrive pas à se décider entre deux choix.	Toujours	Promoteur ou Rebelle
J'avais l'accord de principe, mais j'ai remis ma proposition un jour en retard.	Fait le travail, mais loupe l'objectif pour un oubli ou un raté de dernière minute.	Presque I	Empathique et Rebelle
J'ai doublé mon chiffre d'affaires, mais je n'ai aucune affaire qui dépasse le million.	Réussit ce qu'il a entrepris, mais ressent de la frustration.	Presque II	Travaillomane ou Persévérant et Empathique

Tableau récapitulatif : processus managérial pour chaque scénario de vie

Scénario de vie	Processus managérial
Après	1. Satisfaire le besoin psychologique : reconnaissance inconditionnelle de la personne. 2. L'amener à élargir le champ des possibilités (l'inciter à un plan d'actions). 3. Conclure par le style bienveillant.
Jusqu'à ce que	1. Satisfaire les besoins psychologiques « travail ; structuration du temps ; reconnaître son opinion ». 2. Lui demander ce qu'il fera s'il échoue. 3. Exercer le style démocratique.
Jamais	1. Satisfaire son besoin psychologique en l'amenant à considérer le temps qu'il a devant lui et l'aider à mettre des priorités. 2. L'inciter à tenir des points réguliers de contrôle. 3. Exercer le style directif.
Toujours	1. Satisfaire ses besoins psychologiques : – Rebelle = contact ; – Promoteur = excitation. 2. Revisiter son hésitation au regard de ses besoins psychologiques, là où ils seront le mieux satisfaits. 3. Exercer le style directif avec le profil Promoteur et le style « laisser-faire » avec le profil Rebelle.
Presque I	1. Satisfaire ses besoins psychologiques : – Empathique = reconnaissance inconditionnelle de la personne ; – Rebelle = contact. 2. Inviter la personne à avoir un garant de la dernière minute dans son entourage. 3. Exercer le style bienveillant pour le profil Empathique et le style « laisser-faire » avec le profil Rebelle.
Presque II	1. Satisfaire ses besoins psychologiques : – Empathique = reconnaissance inconditionnelle de la personne. – Travaillomane/Persévérant = reconnaissance des opinions, du travail et structuration du temps. 2. Célébrer la réussite (faire la fête). 3. Exercer le style bienveillant pour le profil Empathique et le style démocratique pour les styles Travaillomane et Persévérant.

Participer à déprogrammer les « scénarios de vie » de nos collaborateurs, c'est participer à reculer leurs limites. Reculer leurs limites, c'est offrir à nos collaborateurs la possibilité de démultiplier leurs succès. C'est une action parmi les plus enthousiasmantes qui soit.

CHAPITRE 6

L'art du charme à l'usage des managers

Ce chapitre regroupe deux techniques qui s'articulent autour de la notion de charme. La deuxième technique présentée a pour objet de stopper une manipulation mise en œuvre par un interlocuteur. Si une manipulation peut être vécue comme une violence, la plupart du temps, le « manipulateur » n'a pas d'intention négative. La manipulation est souvent l'expression d'un stress. Avec la grille de lecture de Process Com, on comprend que le profil Promoteur, en second degré de stress, utilise la manipulation car il ne veut (et ne peut) pas attaquer comme le feraient les profils Persévérant et Travaillomane. Curieusement, cette démarche comporte quelque chose d'« attentionné », de non malveillant, qui conduit le manipulateur à utiliser le charme. C'est pourquoi la technique du « stop » inclut le charme pour traiter le « stop » dans le meilleur relationnel qui soit.

Il y a un homme politique que je n'appréciais pas. Je trouvais sa mauvaise foi insupportable les soirs de débats après élections. Je le trouvais arrogant, etc. Bref ! Je lui trouvais tous les défauts du monde.

Sauf qu'un samedi après-midi, je suis installé dans le TGV prêt à partir quand cet homme politique entre dans mon wagon. Je fais mine de ne pas le voir. Surprise, en passant à côté de moi, il m'adresse la parole pour me demander la marque de mon micro-ordinateur particulièrement miniature. Nous échangeons quelques phrases sur nos nomadismes respectifs et c'est tout. Il avait gagné, j'étais tombé sous son charme.

> C'était quelques semaines avant le vote sur la Constitution européenne. Je lui ai souhaité bonne chance. Il m'a répondu : « C'est pas gagné. » Ce fut perdu…

Avant cette rencontre, je lui étais hostile jusqu'à ne pas aimer ses attitudes physiques, sa démarche, tout… En moins de deux minutes chrono, je suis devenu presque un ami. Impressionnant, non ?

S'il est possible de renverser une situation, perdue d'avance, en moins de deux minutes, il est urgent pour le manager de disposer de cette baguette magique.

Le terme de baguette magique est approprié car Le Petit Robert énonce les définitions suivantes pour le verbe « charmer » :

- exercer une action magique ;
- faire céder à une influence magique ;
- captiver par un attrait puissant.

« Magique, influence magique, attrait puissant » wouah ! Tout un programme !

Au cours de ce chapitre, nous allons découvrir comment libérer en nous cette ressource inépuisable quel que soit notre profil Process Com. Si le charme est si magique pour réussir, c'est une « compétence » à ajouter dans le carquois du manager.

Le « pouvoir » intéresse les managers. Le charme donne du pouvoir. Mais ce n'est pas le pouvoir que propose Robert Green dans son livre *Power* qui est le plus souvent l'apologie du cynisme. Bien au contraire, le charme est une qualité positive, humaniste qui rend la vie plus agréable en société.

Charme et pouvoir

Ne pas confondre charme et séduction

Beaucoup de personnes s'interdisent de mettre du charme dans leur relation, car elles confondent charme et séduction. La différence entre le charme et la séduction est énorme. Cette confusion est à l'origine de tant de réticence au charme.

Avant de voir comment développer instantanément du charme, faisons « la peau » aux confusions associées au charme. La séduction porte une intention sur l'autre. Ce n'est pas le cas du charme. D'ailleurs, Le Petit Robert ne s'y trompe pas. Voyons les définitions du verbe « séduire » :

- « détourner du bien, faire tourner en faute. » À ce stade, nous pourrions croire que la version du dictionnaire serait une lecture biblique du sujet… mais les autres définitions proposées ne laissent aucun doute sur la différence entre le charme et la séduction. Séduire, c'est :
- faire tomber en faute (en parlant d'un homme qui amène une femme à s'abandonner à lui, hors mariage),
- détourner du vrai, faire tomber dans l'erreur,
- gagner (quelqu'un), en persuadant ou en touchant, avec l'intention de créer l'illusion, en employant tous les moyens de plaire,
- attirer de façon puissante, irrésistible.

Contrairement à la séduction, le charme délivre quelque chose de l'intérieur. Quand nous nous autorisons à mettre du charme dans notre relation, nous n'avons pas d'intention sur l'effet que cela peut produire sur l'autre.

L'apparence physique n'est pas du charme. Si dans le langage courant l'apparence physique et le charme sont associés, c'est par manque de qualification du vrai charme. Le charme ne doit rien à la beauté extérieure. Le charme est de l'ordre de l'être et non du paraître. D'ailleurs, ne dit-on pas de telle personne : « on ne peut pas dire qu'elle soit belle, mais elle a du charme ».

S'il y a un lien entre la beauté et le charme, il s'agirait plutôt de la beauté intérieure. Cette beauté intérieure se perçoit sous forme de rayonnement. Nous dirons d'une personne qu'elle rayonne. Quand quelqu'un rayonne, soyez sûr que cette personne s'autorise à mettre du charme dans sa relation.

À RETENIR

Le charme n'est pas de la séduction. La séduction peut s'apparenter à de la manipulation.
Le charme ne doit rien à l'apparence physique, à la beauté extérieure. Il s'agirait plutôt de la beauté intérieure.

Charme ou charisme, une autre façon d'attirer

Avoir du charme est attractif. Nous avons quelques clients en coaching qui rêvent de devenir charismatique. Il nous semble qu'il s'agit là d'une disposition innée. Le charme possède un gros avantage, chacun en est doté. Et surtout, le charme peut se déclencher sur un simple ordre que l'on se donne à soi-même : « Je m'autorise à mettre du charme dans ma relation. »

Autant le charisme peut être une disposition innée, autant chacun de nous possède du charme. Cela se vérifie dans tous nos ateliers. D'ailleurs quand nous sommes avec nos enfants, avec notre conjoint, nous nous autorisons, sans y penser, à mettre du charme dans notre relation.

Le charme est gratuit et chacun en a à revendre !

C'est un don inépuisable qui rend la vie tellement plus agréable.

Avec le charme, vous obtiendrez des résultats proches de ceux obtenus avec du charisme. Nous vous inviterons à faire un exercice pour vérifier notre affirmation à la fin de ce chapitre.

Charme et Process Com

Le profil Promoteur et le charme

Process Com donne le charme comme point fort de notre profil Promoteur. Cela est évident pour tout observateur. Pour le profil Promoteur, le charme est non seulement un point fort mais c'est aussi son style de vie, sa perception du monde. Il a du charme à revendre.

Dans notre profil Promoteur, non seulement, nous avons besoin de mettre du charme dans notre relation mais la relation est ok pour nous si l'autre s'autorise à mettre du charme dans sa relation.

Quand nous entrons en stress, quand nous nous sentons mal, le charme peut basculer en séduction. Ce sera une des formes de manipulation, second degré de stress du profil Promoteur.

Un autre point fort du profil Promoteur, c'est la persuasion. Le charme est un agent précieux pour ce point fort qu'est la persuasion. Ce constat est intéressant pour le manager en négociation.

Les profils Persévérant et Travaillomane et le charme

Nous associons ces deux profils car tous deux ont besoin d'être reconnus pour leur travail et les deux ont la même porte de communication : la porte de la pensée.

L'un comme l'autre sont focalisés sur le travail, le Persévérant est en plus focalisé sur les idées (opinions). Trop concentrés sur ce qu'ils font ou ce qu'ils disent, ces deux profils perdent la distance nécessaire pour prendre en considération la relation à l'autre. C'est pourquoi ils en oublient de mettre du charme dans leur relation.

Cet oubli peut aller jusqu'à une interdiction inconsciente de mettre du charme dans leur relation. En effet, ces deux profils ont une telle soif d'être reconnus pour leur travail ou leur opinion qu'ils ne s'autoriseront pas à mettre du charme dans leur relation. Ils veulent être sûrs que ce soit bien leur travail qui est reconnu, et non un parasite ou quelque chose d'accessoire et de superficiel comme le charme.

Le profil Rêveur et le charme

Nous avons vu que le besoin psychologique du profil Rêveur, c'est le besoin de solitude. Son monde de l'imagination est sa source de régénération. Quand nous sommes dans ce profil, c'est comme si les autres existaient moins. Cette solitude prédispose à moins prendre en compte l'intérêt du relationnel ou en tout cas, à ne pas chercher à être acteur pour établir ce relationnel.

Dans ce profil, le charme est une dimension qui sort de notre champ de préoccupation.

Le profil Rebelle et le charme

La vision de la relation du profil Rebelle, c'est le « contact » : besoin psychologique. Le « contact » et le charme sont de nature différente. Le profil Rebelle se focalise sur le fait qu'il se passe quelque chose entre lui et l'autre. Notre profil Rebelle croit que c'est la clé de la relation. Avec un autre profil Rebelle, c'est le cas. C'est souvent le cas aussi quand il s'agit de la vie en groupe.

Focalisé par le souci d'entretenir cette dynamique interactive dans la relation, la plupart du temps, le profil Rebelle s'autorise peu à mettre du charme dans sa relation.

Le profil Empathique et le charme

Dans notre profil Empathique, l'autre est une priorité avant soi-même. En même temps, le besoin psychologique « être reconnu de manière inconditionnelle » amène le profil Empathique à tout faire pour être aimé. Focalisé par le souci d'être aimé et de faire le maximum pour l'autre, le profil Empathique considère que c'est ce qu'il y a de mieux à faire dans sa relation à l'autre.

Ce manque de distance amène le profil Emphatique à délivrer peu de charme, bien qu'il en ait l'impression.

À RETENIR

Cinq profils sur six sont peu prédisposés à s'autoriser à mettre du charme dans leur relation. C'est notre profil Promoteur qui s'autorise à mettre du charme dans la relation de manière naturelle, comme il respire.

Du charme quel que soit mon profil

Dans nos ateliers de formation, nous procédons à l'exercice suivant sur des candidats volontaires. Les candidats se présentent avec leur propre patronyme deux fois de suite, par exemple : « mon nom est Becquereau, Christian Becquereau ».

Les participants savent simplement que nous donnons aux volontaires une consigne pour leur deuxième présentation. Une brève répétition s'effectue dans le couloir. La consigne est simple : « dans votre deuxième présentation, autorisez-vous à mettre du charme dans votre relation ».

Une fois les présentations faites, il est demandé aux participants de trouver cinq caractéristiques à la deuxième présentation. Ils les trouvent toujours :

- sourire ;
- prise du regard individuel de chacun des membres de l'assistance ;
- une gestuelle ouverte (mains, bras ou une avancée vers le public) ;
- un ton chaleureux, avec des respirations et des silences ;
- une sensation qu'il y a communication, une entrée en relation avec le public.

Les plus de deux cents fois où nous avons pratiqué cet exercice, cela a produit le même résultat. Attention, ce ne sont pas ces cinq éléments qui font le charme. C'est l'inverse. Le simple fait de se dire mentalement : « je m'autorise à mettre du charme dans ma relation » suffit pour déclencher le charme. Il s'ensuit les cinq éléments observables du charme.

Sur les 400 participants volontaires, le charme de chacun a été détecté par tous les groupes. Il n'y a aucune exception car nous avons tous du charme. Il suffit de se commander : « Je m'autorise à mettre du charme dans ma relation. » C'est énorme !

Je m'autorise à mettre du charme dans ma relation

L'ordre mental qu'on se donne est énoncé de la manière suivante : « *je m'autorise à mettre du charme dans ma relation* ». Cette formulation est construite de manière particulière. En effet, il ne s'agit pas de charmer l'autre ce qui reviendrait à séduire. Le charme est quelque chose entre soi et soi… même si notre interlocuteur le ressent.

Les bénéfices du charme

Le manager peut désormais déclencher son charme sur commande.

1. Il expérimentera que cela rend la relation (et donc la vie) plus agréable.
2. Si une relation ne vous satisfait pas avec quelqu'un qui vous présente un profil Promoteur, autorisez-vous à mettre du charme dans votre relation. Il vous suffira de quelques secondes pour que la relation s'améliore. C'est magique !
3. Vos discours, ou toute expression en public, s'en trouveront améliorés de manière sensible.
4. Avec du charme, on obtient plus facilement ce qu'on souhaite de ses congénères.
5. En négociation ou lors d'un entretien à enjeu, vous améliorerez le niveau relationnel et vous démultiplierez votre capacité de persuasion.
6. Dans vos entretiens managériaux, le stress négatif s'envolera.

Les bénéfices du charme sont tels que le manager peut changer le cours de sa carrière (rien que cela !). Dans tous les cas, s'autoriser à mettre du charme est une contribution directe à réussir plus facilement. À ce titre, nous proposons de déclarer le charme : compétence du manager… et de tout un chacun !

Nous allons voir maintenant que le charme est une des composantes de la technique qui stoppe net la manipulation de notre interlocuteur.

La technique du stop pour stopper net une manipulation

Dix ans après leur formation à « Manager avec Process Com » (titre de notre formation), beaucoup de managers pratiquent encore la technique du « stop » que nous allons découvrir. À la question espiègle : « ça marche de temps en temps ? », ils répondent : « non… ça marche toujours ! ».

« *Toujours* »… imaginez ! Cette technique nous apprend à gérer, en un instant, un interlocuteur en train de nous manipuler ?

À la suite d'un dépôt de bilan aussi rocambolesque que dramatique pour le PDG que j'étais, je me suis vu passer du profil Empathique au profil suivant de mon immeuble : Promoteur. J'étais l'observateur de ce changement. Jamais je n'aurais imaginé être, un jour, concerné par le second degré de stress de ce profil : manipulation, zizanie. C'était impensable. Mon éducation et mes valeurs me semblaient être des remparts infranchissables. Un jour, mis en difficulté chez un client, je me suis rendu compte, grâce à mon associé, que je montais mes différents acteurs les uns contre les autres pour arriver à mes fins. Incroyable ! Aussitôt ce constat fait, j'y ai mis bon ordre.

Je savais qu'il s'agissait chez moi du second degré de stress du profil Promoteur, la manipulation. Pour « soigner » mon stress, j'ai répondu oui à un client qui me proposait de faire une conférence en anglais, moi qui ne suis pas bilingue... (le thème était quand même sur Process Com !). Cette prise de risque avait pour but de satisfaire mon besoin psychologique d'excitation et d'éviter de tomber dans le second degré de stress de mon profil Promoteur : la manipulation, la zizanie, etc.

Lors de ma conférence en anglais, j'étais à ma limite. Peut-être même l'avais-je dépassée. Vu le nombre d'heures de préparation, c'est l'intervention la moins rentable de toute ma carrière. J'en ris encore... C'est mon fait d'armes !

Quand le profil Promoteur manipule, il ne connaît pas l'issue de sa manipulation. Cette inconnue est excitante. C'est pourquoi la manipulation est la satisfaction négative du besoin psychologique de notre profil Promoteur. Manipuler, c'est aussi une prise de risque, la situation peut se retourner contre soi. Ce danger est excitant. Celui qui manipule flirte en permanence avec la perception d'être à la limite : vais-je plus loin ? trop loin ? Est-ce que je tente ce coup ? Où est la limite ? Flirter avec la limite ou savoir qu'on a atteint la limite, c'est excitant.

« Manipuler » est la forme principale du second degré de stress du profil promoteur

« Manipuler » c'est l'expression du second degré de stress. Autrement dit, quand quelqu'un nous manipule, il se sent sous pression car il se sent mal (en stress). Cette lecture peut nous aider à poser un autre regard sur celui qui nous manipule. Il n'est pas l'affreux jojo qui nous veut du mal mais quelqu'un qui est tellement mal que sa seule stratégie pour arriver à ses fins, c'est la manipulation ou la zizanie.

Ce regard pondère le côté dommageable de toutes les expressions de second degré de stress.

Process Com est clair : ce qu'il y a de plus efficace face à un second degré de stress, c'est de satisfaire le besoin psychologique de notre interlocuteur. Intéressons-nous à « l'excitation » besoin psychologique du profil Promoteur.

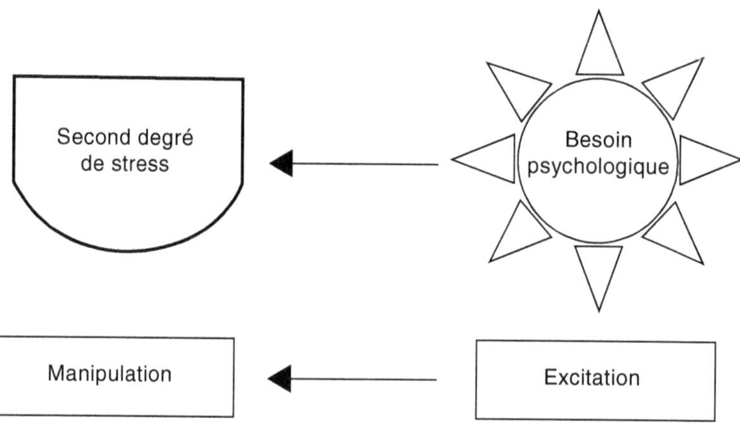

La manipulation dans le profil Promoteur

Vivre un conflit dans le profil Promoteur, c'est une aventure.

Pour un profil Promoteur : attaquer une personne de front n'est pas envisageable. C'est hard. N'oublions pas que l'environnement préféré du profil Promoteur, c'est le charme. Le charme rend l'environnement agréable. Or, l'attaque crée un environnement désagréable. D'autre part, l'attaque rend vulnérable l'attaquant, il peut perdre… Dans notre profil Promoteur, il y a quelque chose de stupide à mener une action qui nous rende vulnérable. N'oublions pas que le driver, premier degré de stress de notre profil Promoteur, est lié au « sois fort », ce qui veut dire : « être ok, c'est être fort ». Donc pas question d'entamer une action qui me rende vulnérable et donc faible.

La manipulation pour le profil Promoteur, c'est sa façon d'attaquer de manière indirecte.

Nous avons tous en mémoire une personne qui nous a manipulés. Ce qui rend furibond, c'est moins d'avoir été manipulé que d'avoir été incapable de stopper la manipulation.

À quoi correspond le besoin psychologique d'excitation ?

Les deux expressions triviales : « *chiche !* » et « t'es pas cap'(able) » ne sont pas évidentes à placer face à un manipulateur pour se sortir d'une telle situation. Si jamais nous tentons un « t'es pas cap' d'arrêter de me manipuler », le profil Promoteur jouera l'ami outragé par un tel jugement. Cela ne ferait que rendre plus difficile la relation…

Tâchons d'élargir le champ de « l'excitation » pour satisfaire ce besoin psychologique quand quelqu'un nous manipule.

> Dans ma phase actuelle, Promoteur, vous pouvez deviner quel genre de voiture je possède… Ce sera plutôt une voiture sport ou une grosse voiture « m'as-tu vu ? ». Le jour où je prends possession de ma grosse voiture, j'ai bien envie de savoir ce qu'elle a dans le ventre (très Promoteur). J'ai choisi une petite route de campagne tranquille pour faire mes essais. Malgré l'état de la route et sa sinuosité, j'estime pouvoir ne jamais descendre en dessous des 70 km/h. Aussitôt envisagé, je m'exécute. La voiture a bien glissé un peu. C'était limite mais ok. Mon excitation a été à son comble car il fallait réussir sans casser l'auto !
>
> Allez, je refais le parcours une seconde fois. Cette fois, j'arrive à ce que l'auto ne glisse plus. Mais le besoin psychologique se caractérise par le fait qu'il s'use… En effet, une troisième fois, la barre à 70 km/h ne présenterait plus aucune excitation. Seule solution, mettre la barre à 80 km/h. Cette fois, c'est une autre paire de manches. Va falloir se concentrer. Dans l'avant-dernier virage, c'est le frisson… mais jouer avec les limites, c'est tellement excitant !
>
> Pour la troisième fois, je tente la barre mini des 90 km/h. Je sais quel virage offre une pleine visibilité. J'ai repéré que l'auto était sous vireuse, je devrais savoir faire. Opération réussie. YESSSS ! J'ai de nouveau flirté avec mes limites, mon besoin psychologique est satisfait.

Que nous apprend cette anecdote ? Le besoin d'« excitation » est satisfait chaque fois que notre profil Promoteur a la sensation d'être à la limite. L'anecdote nous apprend une deuxième chose : que la limite est une valeur relative. Que ce soit à 70 km/h, à 80 ou 90 km/h, si le chauffeur a la sensation d'être à la limite, son besoin d'excitation est satisfait. Cette constatation est intéressante car au-delà de nos « chiche ! » et « t'es pas cap' », nous disposons d'un troisième élément pour satisfaire le besoin psychologique d'excitation. Il suffit de faire en sorte que notre interlocuteur ait la perception d'être à la limite avec nous-mêmes.

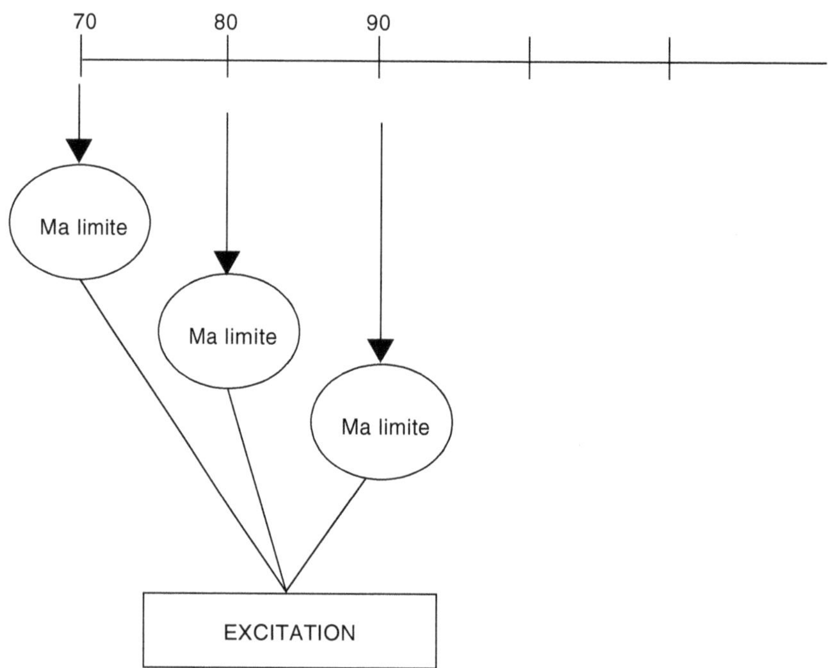

Si la personne, en train de nous manipuler, a la perception qu'elle est à la limite avec nous, son besoin psychologique d'excitation sera satisfait. Ce sera l'arrêt de son stress et donc l'arrêt de son processus de manipulation. Wouah !

Prenons un cas :

> Isabelle, secrétaire, a rendez-vous avec une amie à 19h. Il est 18h, elle commence à ranger ses affaires quand un collègue surgit l'air contrit.

Gilles : Isabelle, j'ai un immense service à te demander (sourire). Tu as deux minutes, là, tout de suite ?

Isabelle (qui pense « non je suis pressée ») : oui Gilles.

Gilles : pour l'affaire truc, j'ai la proposition à envoyer ce soir. J'ai une autre proposition à finir. Isabelle, veux-tu bien saisir ce mail pour l'envoyer tout de suite ?

Isabelle (qui ne fait pas partie de son service) : c'est long ? Qu'est-ce qu'il y a à taper ?

Gilles : l'équivalent de trois ou quatre pages au plus. Tu crois que cela ira ?

Isabelle (furieuse intérieurement de voir son rendez-vous raté) : de toute façon, puisque c'est urgent…

Gilles : oui, c'est urgent mais tu es sûre que tu n'es pas pressée ?

Isabelle (sensible au fait qu'on se soucie d'elle) : non, non. J'ai un rendez-vous, mais si je suis un peu en retard… ce n'est pas grave.

Gilles : tu es vraiment un amour. Je me demande vraiment ce que l'on ferait sans toi ici !

Isabelle (secrètement flattée) : ouais ouais !

Isabelle se met à taper. Plus elle tape, plus la rage monte en elle. Encore une fois, elle s'est faite avoir.

Que peut faire Isabelle face à la manipulation de Gilles ? En Process Com, satisfaire son besoin psychologique d'excitation en indiquant à son interlocuteur qu'il est à la limite avec elle.

Imaginez que vous êtes Isabelle. Que diriez-vous à Gilles pour qu'il sente qu'il est à la limite avec vous ?

Avant de tenter une réponse, souvenez-vous de l'un des principes de base de Process Com : pour qu'il y ait communication, la position de vie doit être en +/+ (ou ok/ok).

Par exemple : « *Gilles, tu n'y penses pas, tu rêves ?* » C'est du +/- (ou du ok/non ok). Ça ne marche pas.

Autre exemple : « *Gilles, je suis désolée, je suis dans l'incapacité de te rendre ce service. Je ne me sens pas capable d'annuler mon RDV.* » La position adoptée par Isabelle, dans ce cas, c'est du -/+ (ou du non ok/ok). Ça ne marche pas.

Quatre règles pour stopper la manipulation

Voici les quatre règles qui composent la technique du « stop » pour qu'elle marche toujours :

1. que l'expression soit en +/+ ;
2. que l'autre entende qu'il est à la limite ;
3. qu'il n'y ait aucune justification ;
4. qu'il y ait du charme.

1. Les variantes comme « *Il n'en est pas question* » remettent en cause la position de vie +/+. « *Il n'en est pas question* », c'est du +/-.

Voyons le deuxième point :

2. Que l'autre entende qu'il est à la limite avec Isabelle.

Le « *non* » tout simple est la formule la plus efficace.

3. Qu'il n'y ait aucune justification.

Toute justification annule la perception de limite. En effet, le profil Promoteur va chercher ce qu'il est possible de faire. Imaginons qu'Isabelle réponde : « *Non, Gilles, c'est impossible car j'ai rendez-vous avec une amie à 19 heures.* » Il y a fort à parier que Gilles proposera ses services pour appeler son amie pour arranger quelque chose.

Si vous êtes dans les profils Persévérant, Travaillomane ou Empathique, il vous faut apprendre à ne pas vous justifier. C'est un exercice de vie intéressant.

4. Qu'il y ait du charme.

Comme l'explique le chapitre « charme », vous pouvez vous dire : « *Je m'autorise à mettre du charme dans ma relation.* » Vous avez aussi une autre option qui peut aider à mettre du charme dans la relation.

Vous avez peut-être remarqué que ceux qui ont du charme usent, abusent du prénom, du nom ou du statut de leur interlocuteur. Par statut, cela peut être : Président, Maman, etc. Donc, si vous insérez le prénom de votre interlocuteur dans un « stop », cela prédispose à mettre du charme dans votre relation. Le ton change automatiquement.

Prenons un exemple toujours délicat à gérer. Votre maman vous invite à déjeuner le dimanche suivant. Han, han ! Si vous répondez : « Non », selon votre profil et votre vécu, vous pouvez le dire sur tous les tons. Le ton peut être plaintif. Ce sera entendu par le profil Promoteur comme du -/+. Si le ton est agressif, ce sera du +/-. Essayez de dire « non » en ajoutant le statut : « Non, maman. » Vous vous rendez compte que le ton se place naturellement en +/+ et que la formulation est plutôt amicale, voire avec du charme.

Le charme dans le « stop » est une composante indispensable. En effet, la tentation est grande d'exprimer le « stop » dans un ton dur. Or, souvenez-vous que notre interlocuteur manipulateur est en second degré de stress et que s'il manipule, c'est qu'il est mal. Il n'a pas besoin, en plus, d'être plaqué contre le mur. Souvenons-nous aussi que le charme est l'environnement souhaité par le profil Promoteur. Le charme est une composante qui sert l'effet du « stop ».

Comment acquérir l'usage du STOP en mode réflexe ?

La première surprise des managers expérimentant le « stop », c'est que leur interlocuteur vit très bien le stop. Le profil Promoteur n'insiste pas. Le plus souvent, il passe à un autre sujet. Cette attitude est normale car son besoin psychologique d'excitation a été satisfait. Il sait qu'il a atteint la limite. Il est dans le même état que moi après avoir eu la sensation d'avoir conduit ma grosse auto à la limite de ce que je pouvais faire.

La deuxième surprise, c'est que leur interlocuteur ne pose aucune question, du genre « *pourquoi ?* ». Si jamais, il y avait cette question, c'est que l'interlocuteur n'était pas dans son profil « Promoteur ». Il n'y a aucun effet pervers à s'être trompé de profil. C'est une qualité non négligeable de Process Com.

Dans votre environnement, vous avez sûrement repéré des interlocuteurs qui vous présentent le profil « Promoteur ». Choisissez celui ou celle que vous estimez le plus et avec qui vous fonctionnez bien. Vous aurez vite l'occasion de faire un stop. Vous pouvez même préparer un « stop » comme « non, Gilles, c'est impossible ». À la première occasion, délivrez votre « stop » et observez. Vous observerez que votre interlocuteur sera bien avec votre « stop ». Cette expérience vous donnera confiance à user de cette technique que des milliers de managers pratiquent avec bonheur.

CHAPITRE 7

Le style de management « laisser-faire » et le profil Rebelle

Avec des fortunes diverses, les managers exercent les trois styles de management que Process Com appelle : autocratique, démocratique et bienveillant. Il en est tout autrement avec le style « laisser-faire ». Or, ce style laisser-faire est le seul qu'accepte le profil Rebelle… C'est un problème que nous posent les managers : comment obtenir d'un collaborateur dans son profil Rebelle qu'il fasse ce qu'on attend de lui, même quand il n'en a pas envie ?

Manager le profil Rebelle, quand même !

Quand un collaborateur nous présente son profil Rebelle, nous réalisons que le style de management à adopter est spécifique. Dans nos formations, les managers partagent des cas où ils sont en échec malgré des essais multiples sous des formes différentes.

Prenons un exemple représentatif des cas soumis dans nos ateliers : votre collaborateur vous présente un profil Rebelle. Vous êtes en attente d'un rapport qu'il aurait dû vous remettre depuis longtemps. Vous lui avez réclamé maintes fois sous tous les styles… Il vous répond « oui, oui » mais vous vous usez à lui réclamer sans cesse sans l'obtenir.

Globalement, les managers savent en quoi consiste le style « laisser-faire ». Mais obtenir ce rapport pour le lendemain midi ? Comment donner un ordre laisser-faire ? C'est l'objet de ce chapitre.

Pour trouver la mise en pratique du style laisser-faire, nous avons creusé les valeurs portées par notre profil Rebelle. Nous avons observé trois valeurs :

- la solidarité ;
- la légèreté ;
- la liberté.

Première valeur du style Rebelle : la solidarité

> Quand au journal télévisé du dimanche soir, je découvre que des gens ont passé leur week-end à ramasser quelques dizaines de kilos de boulettes de mazout sur les plages, je me sens mal à l'aise, moi qui ai passé mon temps à m'occuper de mon travail, de mes passions… En même temps, pour me dédouaner sûrement, je me dis : « *C'est stupide… la mer en une seule marée pourrait en reprendre des tonnes…* ». Mais c'est ma raison qui parle alors que la solidarité vient du cœur. Sans solidarité, ce monde serait-il vivable ?
>
> En coaching, quand un manager me fait part de sa décision de procéder à un licenciement, il me demande ma lecture Process Com de la situation. Je lui demande alors si, dans son équipe, l'un de ses collaborateurs lui présente le profil Rebelle. Je le préviens, ce collaborateur prendra fait et cause pour le licencié quels que soient les torts du licencié, même s'il était son pire ennemi auparavant.
>
> Cette solidarité s'exprimera même si le licencié a plus que mérité cette ultime sanction, qu'il ait fait pis que pendre, saboté même, etc. car ce que voit notre solidarité dans le profil Rebelle, c'est le frère, la mère, l'ami, l'Homme qui va se retrouver avec sa famille, face à ses obligations, etc. Le profil Rebelle n'est pas dans le jugement, qu'il abhorre.

La solidarité est spontanée tout comme l'émotion de notre profil Rebelle. D'ailleurs, ne parle-t-on pas « d'élan de solidarité » ? !

Cette grande valeur qu'est la solidarité est portée essentiellement dans notre profil Rebelle. La prise en compte de cette valeur sera utile pour exercer le style de management « laisser-faire ».

Deuxième valeur du style Rebelle : la légèreté

J'ai eu le privilège d'avoir, pendant dix ans, un avocat, Maître Plus, qui dirait aujourd'hui « qu'il a eu la mauvaise idée de mourir, emporté par une tumeur au cerveau en quelques mois... ». Son profil Rebelle était extraordinaire. Quand il commençait par me dire : *« Monsieur Becquereau, vous allez rire... »* je mettais ma ceinture de sécurité, sûr qu'il allait m'annoncer une mauvaise nouvelle... par exemple la partie adverse avait fait appel ou autre chose de ce genre.

Le dépôt de bilan de ma société avait été prononcé quelques semaines auparavant. Il m'appelle un matin à l'improviste : *« Comment allez-vous ? »* J'étais encore dans mon profil Empathique. Je lui raconte que mon associé s'est enfui et que j'ai découvert qu'il détournait la TVA depuis le début de notre association... Il m'a coupé : *« Monsieur Becquereau, j'ai un client de belle fortune. Il a un gros modèle de voiture, une maison de plusieurs millions à Hardelot (le Saint-Trop' du Nord) mais sa fille de 9 ans est atteinte d'une leucémie non guérissable. Que préférez-vous ? Sa situation ou la vôtre ? »* J'ai répondu la mienne, recalé de ce bref échange.

J'ai appris quelque temps après qu'il avait appelé ma femme. *« Madame Becquereau, vous savez lors des dépôts de bilan, 70 % des couples de dirigeants divorcent. Alors, vous avez le droit de divorcer (liberté), mais faites-le après que cette période d'épreuve est passée. »* Après un au revoir rapide, il raccrochait. À cette époque, bien compliquée pour moi, le président des experts-comptables de Bourgogne m'avait accordé son aide pour retrouver un repreneur possible pour ma société. Les deux hommes s'étaient rencontrés pour préparer le dossier et le soumettre au tribunal de commerce. Ce président des experts-comptables m'avait appelé quelques jours plus tard pour me déclarer : *« Votre avocat, c'est du champagne. »* Cette déclaration m'est restée gravée. Que c'était bien vu.

Le profil Rebelle, c'est « du champagne », rien n'est dramatique pour lui. Nous portons « la légèreté » dans notre profil Rebelle. Cette deuxième valeur, la légèreté, nous sera utile pour formuler le « laisser-faire ».

Troisième valeur du style Rebelle : la liberté

«Y a-t-il des profils incompatibles ? » est une question fréquente. La réponse est non, il n'y a pas d'incompatibilité absolue. Cependant quand un manager pilote dans son profil Rebelle des collaborateurs dans leur profil Travaillomane ou Persévérant, une lecture Process Com est très utile.

Le profil Rebelle ne donne aucun cadre. Il est dans le registre : *« Hé ! Vous savez ce que vous avez à faire ! S'il y a un truc qui colle pas, vous revenez vers moi. »* L'absence de cadre va plonger le profil Travaillomane dans la perplexité, en mode panique même *: « C'est quoi le but ? C'est quoi le résultat attendu par mon chef ? »*

Le manager au profil Rebelle agit de la sorte car sa croyance, c'est que la société des hommes devrait fonctionner sans hiérarchie, sans exercice de l'autorité, sans contrainte, en toute « liberté ». D'ailleurs, le profil Rebelle s'autorise souvent des familiarités avec sa hiérarchie qui ne sont pas toujours appréciées. C'est une illustration de cette valeur du profil Rebelle : être libre (sans hiérarchie).

Notre profil Rebelle porte en lui un idéal : la liberté. Tout devrait pouvoir se réaliser dans la « liberté » totale. Cette valeur va dans les deux sens : le manager dans son profil Rebelle offre un espace de liberté à son équipe. Quand il est collaborateur, le profil Rebelle entend fonctionner sans contrainte hiérarchique, librement. Un ordre n'est pas vraiment un ordre. Et c'est là que se pose la question : comment manager un collaborateur qui nous présente un profil Rebelle alors qu'il nie la hiérarchie et qu'il ne veut aucune contrainte (obligation) ?

Comment donner un ordre en mode « laisser-faire » ?

Les managers nous disent qu'ils ont tenté tous les styles : gentil, autoritaire, participatif, etc., mais le rapport réclamé est resté à l'état de fantôme… Alors comment donner un ordre laisser-faire ? Comment le formuler afin d'obtenir ce fichu rapport le lendemain midi ?

Comment faire pour aller dans son profil Rebelle ? Si vous avez observé que vous étiez dans votre profil Rebelle avec telle personne, pensez à elle. Si vous avez remarqué que dans telle activité votre profil Rebelle se réveillait, entamez cette activité. Imaginez que vous réalisez cette activité ou que vous êtes avec cette personne. Vous avez ainsi de bonnes chances de rendre disponible votre profil Rebelle.

Si vous avez l'impression de ne jamais avoir accès à votre profil Rebelle, faites l'exercice avec quelqu'un chez qui vous avez identifié ce profil.

Maintenant que vous avez la sensation d'être dans votre profil Rebelle, voici : vous avez à remettre un rapport à votre hiérarchique. Comment voudriez-vous qu'il vous le demande pour que vous ayez envie de lui remettre ?

Notez vos propositions puis évaluez si les trois grandes valeurs du profil Rebelle, solidarité, légèreté, liberté, sont portées par vos suggestions. Vous pouvez vous en assurer, en posant les questions suivantes :

- ➢ est-ce que « l'ordre » fait appel à ma solidarité ?
- ➢ est-ce que « l'ordre » est d'une légèreté évidente ? (éviter les « je compte sur toi », « c'est important »)
- ➢ est-ce que « l'ordre » me laisse libre de remettre le rapport ou pas ?

Ce n'est pas facile mais si vous êtes dans votre profil Rebelle, vous avez de bonnes chances !

Corrigé

Voici des exemples écrits par des participants :

1. « Hé ! je suis mort si ton rapport n'est pas fait pour demain midi ! Faut que tu me sauves la vie sur ce coup-là ! »

- ➢ Est-ce que l'ordre fait appel à ma solidarité ? … OUI
- ➢ Est-ce que l'ordre est d'une légèreté évidente ? ... NON
- ➢ Est-ce que l'ordre me laisse libre de remettre le rapport ou pas ? … OUI

Est-ce que cet « ordre » peut être amélioré ? OUI – le manager se met en dépendance de son collaborateur. Il y a quelque chose qui n'est pas OK. C'est un point de vigilance quand on débute.

2. « Oh, dis donc ! Jacques, tu me plantes ma proposition, là. Tu auras bien une heure ce soir pour finir ce rapport et me le filer pour demain midi, OK ? »

➢ Est-ce que l'ordre fait appel à ma solidarité ? … OUI

➢ Est-ce que l'ordre est d'une légèreté évidente ? … 50 %

➢ L'ordre laisse-t-il libre de remettre le rapport ou pas ? … OUI

Est-ce qu'à cet « ordre », il y a une amélioration à faire ? OUI – nous n'avons mis la légèreté qu'à 50 % car le manager culpabilise un peu son collaborateur.

3. « Ce serait top si ce rapport était prêt pour jeudi midi. Pierre le présente le lendemain. Il peut faire sa présentation sans ton compte rendu mais ce serait tellement plus confort avec … »

➢ Est-ce que l'ordre fait appel à ma solidarité ? … OUI

➢ Est-ce que l'ordre est d'une légèreté évidente ? … OUI

➢ L'ordre me laisse-t-il libre de remettre le rapport ou pas ? … OUI

L'ordre est parfait. Il n'y a pas d'amélioration à faire.

La phrase magique

La phrase magique que nous partageons avec nos clients depuis 1999, c'est : *« Ce serait sympa de me donner ton rapport pour demain midi. »* C'est simple… et ça marche !

Les participants à nos formations à l'énergie Rebelle trouvent la phrase ci-dessus évidente. Cet « ordre laisser-faire » les incite à fournir leur rapport le lendemain midi.

Les participants-managers ayant très peu d'énergie Rebelle sont surpris, décontenancés même… Est-ce là un ordre ? Comment se fait-il que cela marche ? Or, le lendemain midi, le rapport est rendu.

Nous pouvons nous étonner qu'un ordre ait une telle structure. Le seul moyen de savoir si cela marche, c'est de l'expérimenter. Nous pouvons nous demander s'il s'agit de management ? S'il s'agit de l'exercice de l'autorité ? C'est tellement éloigné de notre pratique habituelle. Alors… si une formulation, aussi originale soit-elle, aboutit à ce qu'un collaborateur exécute quelque chose de nécessaire, il faut se rendre à l'évidence : il s'agit bien d'exercice de l'autorité !

Depuis 1999, des milliers de managers mettent en œuvre nos travaux sur le style laisser-faire. Ils obtiennent des résultats incroyables tant avec leurs collaborateurs, leur hiérarchique, que leurs collègues. Alors… bonne expérimentation !

CHAPITRE 8

Mener les réunions avec Process Com

Au départ, Process Com est un outil de communication interpersonnel, de personne à personne. Nos développements sur la pratique de Process Com en réunion lui donnent une dimension nouvelle. Ces développements en font un outil précieux pour le manager dans le management de son équipe.

La pratique de Process Com en réunion est développée sur trois niveaux :

1. une introduction qui fait en sorte que les participants soient immédiatement prêts à participer activement à la réunion ;
2. ensuite, comment être proactif dans son animation pour maintenir chaque participant à un haut niveau de coopération ;
3. et enfin, nous verrons comment déceler l'entrée en stress de chaque profil en réunion et intervenir en Process Com pour qu'ils sortent de leur stress et « recollent » au travail de l'équipe.

Les réunions sont quasiment l'unique moment où l'équipe est réunie. C'est donc un moment privilégié pour élever le niveau de cohésion, apprendre à mieux fonctionner ensemble, développer la confiance entre ses membres et avoir la sensation que l'équipe va réaliser de grandes choses, relever de nouveaux challenges.

En créant des conditions favorables à un haut niveau de coopération entre les membres pendant les réunions, Process Com contribue directement au management de l'équipe.

L'objectif est que tous les participants à la réunion soient coopératifs !

Les réunions noircissent de plus en plus dangereusement l'agenda des managers. Il est donc important de tirer le meilleur parti de tout ce temps consacré aux réunions. Étant donné qu'elles sont un lieu de communication, elles entrent dans le spectre d'application de Process Com. En quoi le modèle Process Com est-il un apport à nos réunions ?

Observons nos réunions à la lumière des travaux de Paul Ware sur les portes d'entrée en communication, que Taibi Kahler a associées aux six profils.

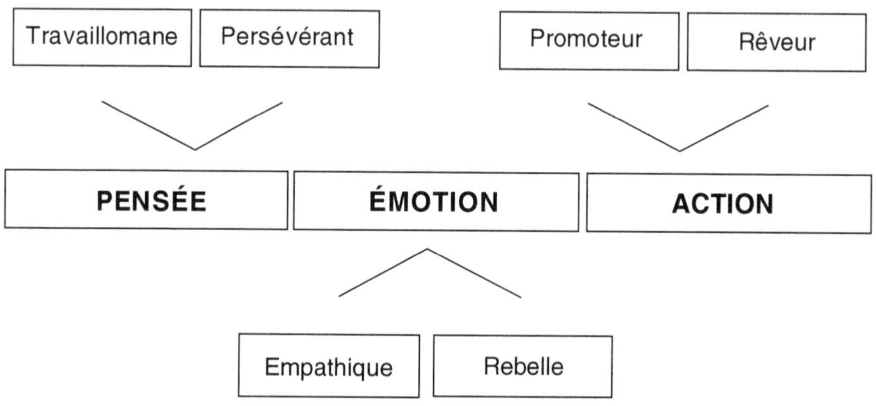

Dès les premières minutes, ouvrir toutes les portes de communication !

Les trois portes de communication sont : la porte de la pensée, la porte de l'émotion et la porte de l'action.

La plupart du temps, nos réunions sont des lieux d'échange d'informations. Nous pesons des informations, nous comparons des informations, nous en éliminons d'autres et finalement nous décidons d'un plan d'actions (pas toujours !).

Dans la plupart des réunions, près de 90 % du temps se situe dans une seule perception, celle de la pensée.

« Je vous ai réunis aujourd'hui afin que nous examinions la situation, que nous pesions le pour et le contre et qu'à l'issue de cette discussion… » S'exprimer dans la porte de la pensée signifie s'exprimer de manière logique, séquentielle, en s'appuyant sur des informations.

Si nos réunions se déroulent à 90 % du temps dans le registre de la pensée, alors elles ne sont faites que pour les participants qui sont dans leur profil Travaillomane ou Persévérant au moment de la réunion ! Dans ces conditions, il n'est pas étonnant qu'autant de participants s'y rendent avec des pieds de plomb, s'y ennuient et en sortent plutôt désabusés.

Si nos réunions ne se déroulent que dans la pensée, les autres profils – Rebelle, Empathique, Promoteur, Rêveur – auront peu de valeur ajoutée ; pire, ils risquent de perturber la réunion. Finalement, seuls les participants qui sont dans leur profil Persévérant ou Travaillomane au moment de la réunion auront une valeur ajoutée. Dommage !

Si le manager anime sa réunion en ignorant les profils Empathique, Rêveur, Promoteur et Rebelle, cela revient à mettre un panneau sur la porte : « Réunion réservée à ceux qui sont dans leur profil Travaillomane ou Persévérant. »

Quand j'anime un groupe de participants managers, dans mon profil Promoteur, je n'ai pas le goût de passer l'heure et demie aux conventionnelles présentations. De l'action que diable ! Et cependant, il s'agit d'établir la relation et d'obtenir la pleine énergie de chaque participant. En fait, mon challenge, c'est de faire en sorte que chaque participant soit au top d'énergie en un minimum de temps. C'est à cette condition que j'aurai un groupe participatif, disponible et concentré.

Je commence par une introduction préparée en six parties. Chaque partie s'adresse à un profil Process Com. Ainsi, quel que soit le profil dans lequel se trouve le participant, une partie de mon adresse satisfait son besoin psychologique. En moins de cinq minutes, tous les participants ont remonté leur niveau d'énergie, voire sont dans leur spirale de réussite.

Lors d'une réunion, la probabilité, c'est que les six profils soient présents dans le groupe. Certains profils peuvent même arriver en stress de premier ou deuxième degré. Si l'animateur commence dans le vif du sujet, il risque d'animer une réunion peu participative et même d'avoir un début difficile avec les résistances liées aux stress des différents profils.

Une introduction Process Com, adressée aux six profils, a pour fonction de faire le plein d'énergie des six profils présents. Chaque participant aura toute l'énergie pour participer, écouter activement, collaborer et apporter de la valeur ajoutée. À 100 % d'énergie, les qualités de chaque profil éclosent. Un exemple d'introduction est proposé un peu plus loin.

En réunion, le profil Rebelle est privé de la satisfaction de son besoin psychologique : le contact. Il entrera rapidement en stress.

Nous avons tous eu l'occasion d'écouter un discours d'un Américain et de vivre, tous les quarts d'heure, la sempiternelle blague (*private joke*), hautement recommandée dans les formations de prise de parole en public. Cela peut sembler mécanique, mais c'est efficace. Sans connaître Process Com, le conférencier, par cette technique, alimente l'énergie des participants dans le profil Rebelle.

Avec cette *private joke*, le profil Rebelle remonte son niveau d'énergie. Nous avons vu qu'à 100 % d'énergie, nous sommes mobiles, capables d'aller dans un profil voisin. Notre profil Rebelle pourra aller dans un profil dans la pensée ou sera à même d'utiliser les capacités de son profil puisqu'il sera hors stress. Ainsi il contribuera activement à la réunion. En fait, la *private joke* utilise l'outil Process Com : le contact, la plaisanterie et le canal émotif.

Souvenez-vous du schéma dynamique de Process Com que nous avons vu :

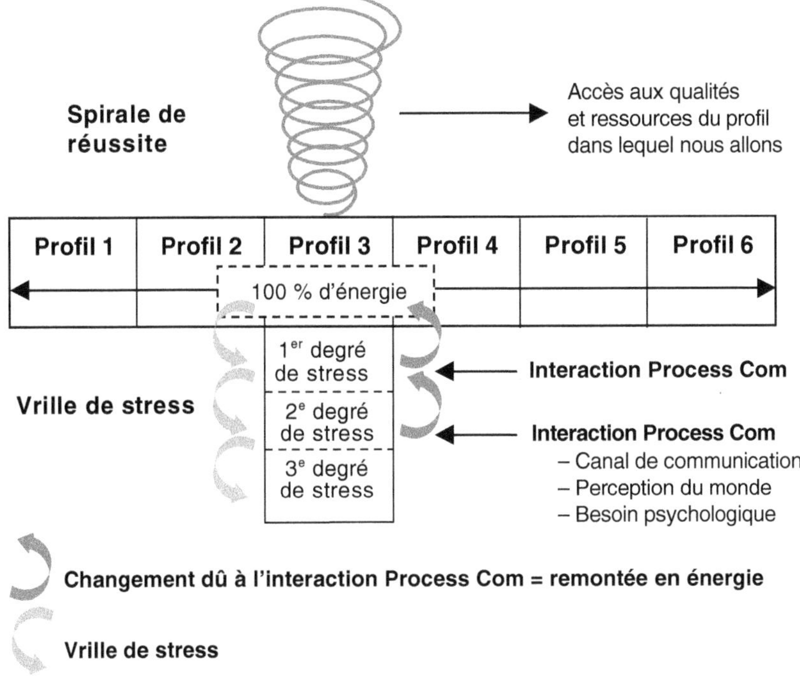

À 100 % d'énergie dans notre profil du moment, nous avons la faculté de nous déplacer naturellement dans le profil le plus adapté à la situation. C'est ce qu'indiquent les flèches horizontales du graphique ci-dessus.

Une introduction adressée aux six profils contribue à ce que chaque participant remonte son niveau d'énergie pour être soit dans un stress moins important, soit à 100 % d'énergie et avoir ainsi une meilleure disponibilité.

Comment ouvrir une réunion pour mobiliser tous les profils ?

La première fois qu'un manager prépare son introduction adressée aux six profils Process Com, cela peut lui demander un quart d'heure ou plus. Mais, au bout d'une dizaine de fois, en quelques minutes, le tour est joué !

Voici une introduction pour une formation qui peut servir d'inspiration pour une première préparation.

Tableau magique

Profil	Introduction
Empathique	Je suis heureux de vous retrouver après les vacances. J'espère qu'elles ont été plaisantes et que cette réunion de rentrée sera agréable.
Travaillomane	Vous avez l'ordre du jour à vos places. Je souhaite qu'à l'issue de notre réunion nous ayons validé la nouvelle organisation, préparée juste avant les vacances. J'ai fixé 10h30 comme heure de fin de la réunion. Est-ce que cela vous convient ?
Persévérant	La perspective de cette réunion, c'est d'être plus performant en utilisant au mieux les talents et les capacités de chacun.
Rebelle	Heu ! Qui veut donner le coup de sifflet de la pause - faut ce qu'il faut ! Pour la partie brainstorming, j'aurais besoin d'un volontaire pour faire exploser nos méninges. Candidat trop sérieux, s'abstenir !
Promoteur	C'est une réunion où l'on décide : s'il y a trop de débats, je trancherai. Dépassons nos objectifs, ce qui n'est pas gagné, et je dévoilerai en fin de réunion la surprise qui sera à la clé.
Rêveur	À l'issue de chaque pause, je ferai un tour de table. Pour le dernier tour de table en fin de réunion, imaginez la suite à donner à notre réunion.

Souvent les managers demandent s'il y a un ordre requis pour s'adresser aux six profils. Non, il n'y a pas d'ordre. Nous recommandons de commencer par le profil Empathique, car cette énergie convient bien pour souhaiter la bienvenue. Ensuite, c'est selon votre inspiration…

Lorsqu'on s'adresse aux six profils dès l'introduction des réunions (ou des discours), l'impact est visible durant le premier quart d'heure. Le niveau relationnel, le niveau d'intérêt et de participation sont plus élevés. Cet effet bénéfique se poursuit durant la réunion. C'est plus plaisant et la valeur ajoutée due aux échanges est supérieure.

Les six profils Process Com en réunion

En réunion, il y a une forte probabilité que les six profils Process Com soient présents parmi les participants.

Même si le manager connaît son collaborateur de longue date, il ne peut pas prévoir dans quel profil celui-ci sera lorsqu'il arrivera en réunion.

Un collaborateur va arriver en réunion dans un profil ou dans un autre en fonction de sa nuit, des embouteillages, du sujet de la réunion, du coup de fil qu'il attend, etc. Nous sommes dans un profil ou dans un autre en fonction de la manière dont nous vivons l'environnement du moment. Ces changements se font de manière dynamique, indépendamment de notre volonté, généralement en réponse aux sollicitations de notre environnement.

Commencer systématiquement une réunion par une introduction adressée aux six profils Process Com, c'est prendre une garantie pour que chaque participant soit au meilleur de son énergie et collabore à la réunion avec les qualités propres au profil dans lequel il se trouvera.

Un éclairage complémentaire : les portes d'entrée de Paul Ware

Pour s'adresser à un profil déterminé, voici un éclairage complémentaire qui s'appuie sur les portes d'entrée de Paul Ware.

Portes d'entrée de Paul Ware

Portes	Exemples de phrases
PENSÉE/faits (Travaillomane)	Je vais m'y prendre de manière progressive en illustrant chaque étape par des exemples afin de faciliter l'apprentissage. *Commentaire : la phrase est logique, organisée, informative.*
PENSÉE/opinions (Persévérant)	Le sujet que je vais aborder maintenant s'inscrit dans la perspective d'améliorer son relationnel. Vous verrez que c'est essentiel dans la réalisation de performances plus élevées. *Commentaire : la pensée se focalise sur ce qui est important, prospectif ou stratégique.*

.../...

…/…

Portes	Exemples de phrases
ÉMOTION/ sentiments **(Empathique)**	J'ai l'impression que l'ambiance serait meilleure si nous échangions sur le sujet en nous rencontrant. Ce serait plus agréable. *Commentaire : c'est une émotion portée par la bienveillance.*
ÉMOTION/réaction, émotion spontanée **(Rebelle)**	Eh ! Si on prend le truc à bras-le-corps tout de suite, on va finir par y arriver, non ? *Commentaire : c'est une émotion qui suscite le contact, une dynamique pétillante.*
ACTION **(Promoteur)**	Dis, Jacques, atteins l'objectif comme tu veux du moment que tu respectes les règles de l'entreprise *Commentaire : on est dans l'action à 100 % !*
ACTION/ imagination **(Rêveur)**	Songe à la meilleure façon de ranger les dossiers. Inspire-toi de ce qui a été fait pour les dossiers contentieux. *Commentaire : la phrase est dans le « faire », l'action.*

Après l'introduction de la réunion, voyons comment être proactif pour maintenir l'énergie des six profils à leur meilleur niveau durant toute la réunion.

Maintenir une participation optimale tout au long de la réunion

Être proactif avec chacun des six profils

Procéder à une introduction s'adressant aux six profils produit un effet immédiat sur la réunion et génère une tonalité positive à toute la réunion. Cependant nos réunions ne sont souvent que des échanges d'informations. Si nous ne faisons rien, l'énergie des participants baissera progressivement jusqu'à générer du stress.

La réunion revisitée à travers le prisme de Process Com offre à l'animateur les moyens d'anticiper des conditions optimum où chacun des six profils maintiendra un haut niveau d'énergie pour donner le meilleur de lui-même et contribuer à des réunions aussi productives que passionnantes.

Travaillomane : comment vivons-nous une réunion quand nous sommes dans ce profil ?

Quand nous sommes dans notre profil Travaillomane, nous trouvons notre content dans les réunions. Cependant certains ingrédients favoriseront notre niveau de coopération :

- ordre du jour : l'existence d'un ordre du jour est un élément de confort ;
- structuration du temps : la gestion du temps satisfait le besoin psychologique ;
- source d'informations : ce profil est avide d'informations. Il suffit d'indiquer où il pourra se documenter ;
- prise en compte des questions : accueillir ses questions foisonnantes, les noter pour y répondre le moment venu ;
- but du sujet traité : ce profil a besoin de connaître le but du sujet (alors que le profil Persévérant a besoin de connaître la perspective dans laquelle s'inscrit le travail en cours).

Persévérant : comment vivons-nous une réunion quand nous sommes dans ce profil ?

Quand nous sommes dans notre profil Persévérant, nous nous accommodons des réunions. Cependant, en stress, nous pouvons mettre en danger l'animateur car nous sommes dans le jugement permanent, focalisé sur ce qui ne va pas.

Avis avant toute décision : pré-annoncer qu'avant chaque décision, l'avis sera demandé à chaque participant, suscite un sentiment de quiétude chez ce profil.

Mettre en perspective : projeter le travail en cours dans une perspective, soit plus large ou dans le temps est une nécessité pour ce profil. Il sera alors dans la sérénité, réalisant qu'il contribue à une « œuvre ».

Empathique : comment vivons-nous une réunion quand nous sommes dans ce profil ?

Quand nous sommes dans notre profil Empathique, nous ne demandons qu'à aider notre environnement. Cependant, notre sensibilité peut vite nous rendre malheureux et indisponible à une quelconque contribution.

Accueil personnel : l'accueil personnel de ce profil au moment de la mise en place de la réunion peut suffire pour qu'il se sente pris en compte. Cela satisfait son besoin psychologique « reconnu de manière inconditionnelle » : « Ah ! Jacques, je suis heureux que tu sois parmi nous. »

Convivial : au plus l'environnement (lieu) et l'organisation (café, etc.) sont conviviaux, au plus ce profil se sentira dans son élément pour produire le meilleur de lui-même.

Rebelle : comment vivons-nous une réunion quand nous sommes dans ce profil ?

Quand nous sommes dans notre profil Rebelle, les réunions classiques génèrent un vécu inconfortable. Si en plus, la réunion se déroule dans un schéma « top and down », le déficit de notre besoin psychologique, « contact », se creuse. En réunion, nous entrons très vite en stress.

Changements fréquents : tout changement dans les réunions provoque du contact, ce qui satisfait son besoin psychologique. L'animateur sera attentif à changer de rythme, de sujets, de pédagogie, de supports. La fréquence des changements recommandée est de l'ordre de vingt minutes.

Ambiance légère : au plus la réunion est ouverte aux plaisanteries, au plus le profil Rebelle s'y trouvera dans son élément. Évitez l'excès de sérieux et le caractère institutionnel.

Exercice de groupe : les travaux en sous-groupes génèrent du contact et amènent de la légèreté.

Promoteur : comment vivons-nous une réunion quand nous sommes dans ce profil ?

Quand nous sommes dans notre profil Promoteur, les réunions sont souvent un pensum. En effet, dans ce profil, nous prenons soin de nous en regardant les événements au regard de notre intérêt personnel. Cela ne veut pas dire que nous ignorons les autres, mais toute chose doit être « gagnant-gagnant ». Si ce n'est pas le cas, nous serons dans une participation minimaliste.

Intérêt personnel : l'animateur de la réunion indiquera le bénéfice que chacun peut retirer si cette réunion atteint les objectifs fixés.

Charme : l'environnement naturel du profil Promoteur est le charme (voir le chapitre 6). C'est l'environnement dans lequel il évolue le mieux.

Plan d'actions : être attentif à conclure chaque sujet par un plan d'actions.

Rêveur : comment vivons-nous une réunion quand nous sommes dans ce profil ?

Quand nous sommes dans notre profil Rêveur, nous sommes naturellement discrets, dans notre vie intérieure. Nous sommes attentifs et même concentrés sur ce qui se joue, mais nous montrons peu de signes extérieurs de participation. Si nous ne sommes pas sollicités, notre collaboration peut être insignifiante.

Dire ce qu'on attend de lui : l'animateur lui indiquera ce qu'il attend de lui, si possible dans le registre de sa perception du monde. Par exemple : *« Jacques, une fois le sujet traité, fais-nous part de ta réflexion. Si j'oublie de te solliciter, rappelle-le moi. »*

Épier ses réponses : dans un débat, l'animateur sera attentif au profil Rêveur pour entendre sa réponse, audible de son voisin !

La dernière question : il y a beaucoup de richesse à lui adresser la dernière question d'un débat, surtout s'il a été averti de cette question. Au début de la réunion, on peut dire quelque chose comme : « À la fin de la réunion, je te demanderai sur le sujet… » Puis, à la fin de la réunion : « Jacques, fais-nous part de tes réflexions sur le sujet… »

Tableau aide-mémoire pour être proactif

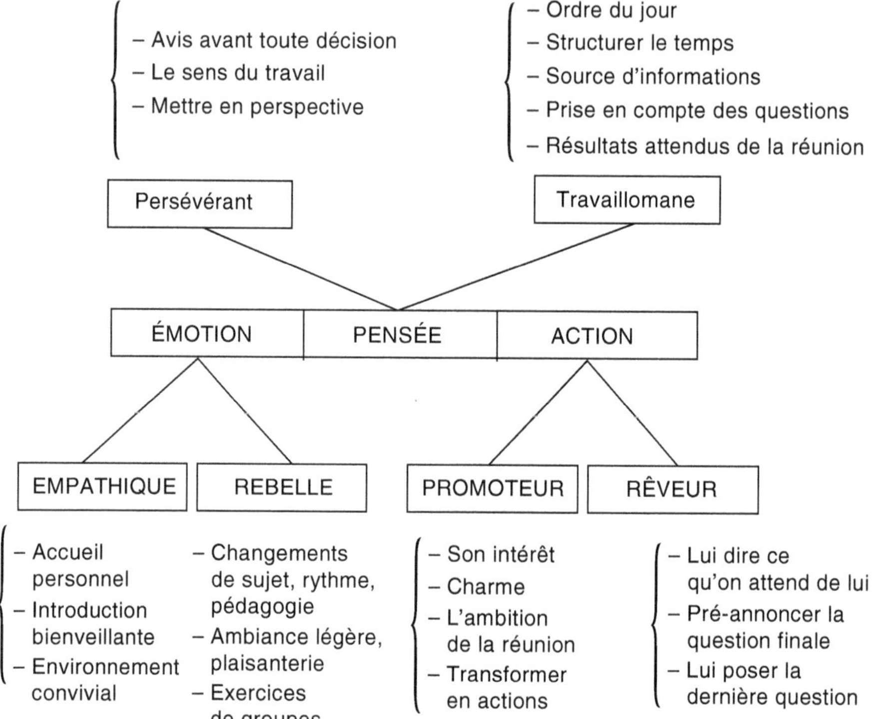

CHAPITRE 9

Manager le stress

Le stress est dans l'air du temps. À notre époque de loisirs, nous n'avons même plus de temps à accorder au temps. Nous n'avons plus le temps de souffler, de laisser notre machine décompresser.

Tout s'enchaîne : travail, trajet pendant lequel nos BlackBerry ou nos iPhone sont chauffés à blanc. À peine rentrés, après les engagements familiaux et de loisirs, c'est la télé. Nous remplissons le moindre espace de temps. Seul moment sauvegardé : le sommeil quand celui-ci n'est pas troublé par le stress ou les contrariétés.

Quand le stress nous envahit, nous entrons dans la vrille infernale : fatigue, déprime, dépression, burn-out, etc. Certaines situations sont tellement désespérées qu'elles peuvent mener au suicide. Ce n'est pas acceptable… et ce n'est pas inéluctable.

Faire en sorte que nos collaborateurs et nous-mêmes soyons le moins stressés possible est un facteur de qualité de vie nécessaire à réaliser des grandes performances. Manager le stress est devenu une compétence à part entière du manager. Process Com peut être un outil précieux pour acquérir cette compétence.

Les 18 types de stress identifiés par Process Com

À notre époque, le stress fait tant de dégâts que nos journaux traitent le sujet au quotidien. Est-ce pour autant, qu'en qualité de manager, nous savons identifier ses différentes formes et quelle action spécifique poser pour que le stress de notre collaborateur diminue, voire disparaisse ?

Process Com identifie six profils en l'homme. Chaque profil présente une vrille progressive de trois degrés de stress identifiables. Cette description de 18 types de stress (6 x 3) est une mine d'or pour le manager à condition de « manager » le stress en mode réflexe.

Abordons le « management du stress » en réunion où les six profils sont généralement représentés. En situation, l'animateur n'a pas d'autre choix que de « manager le stress » en mode réflexe. C'est ce qui intéresse le manager. Cette partie est aussi une occasion de procéder à une révision pratico-pratique de Process Com…

Quand un collaborateur entre en stress au cours d'une réunion

Grâce à l'introduction dans les six profils que nous avons appris à construire, chaque participant commence la réunion en ayant élevé son énergie, voire avec 100 % d'énergie. Nous avons aussi appris à mettre en place des actions proactives pour retarder l'entrée en stress du participant et même l'éviter. Mais nous ne maîtrisons pas tout… des situations peuvent faire en sorte qu'un profil entre en stress.

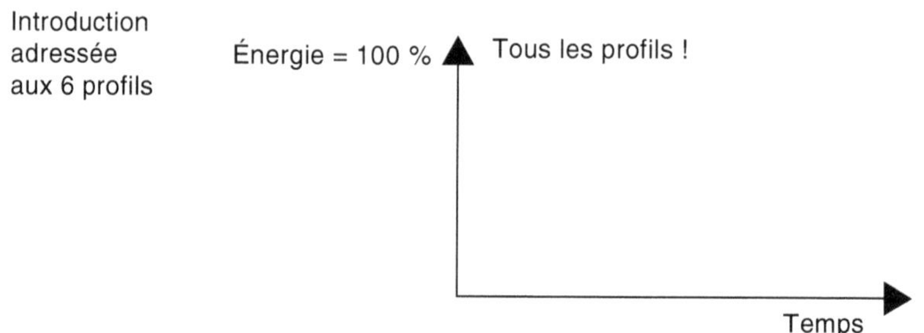

Si l'environnement de la réunion ne convient pas au profil du participant, celui-ci va faire des efforts, dépenser son énergie, pour « coller » au déroulement de la réunion, pour tenter de coopérer. Au fil des minutes, notre niveau d'énergie va baisser jusqu'à déclencher notre premier degré de stress, voire le deuxième.

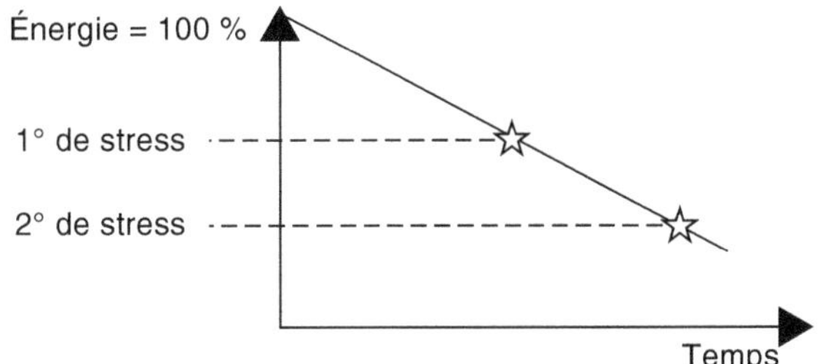

Chaque profil va exprimer son stress en paroles et/ou par un comportement correspondant au profil dans lequel il se situe. Nous allons voir comment qualifier le profil du stress et contribuer à ce que le participant remonte en énergie et sorte de son stress. Le participant pourra ainsi recoller à la réunion et apporter toute sa collaboration.

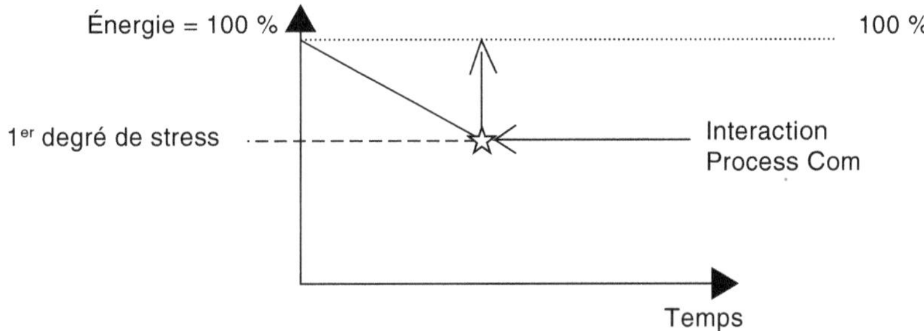

La plupart du temps, une seule action Process Com sera suffisante pour que le participant retrouve toute son énergie et coopère de nouveau à la réunion.

Comment identifier le stress d'un collaborateur

Chaque participant va exprimer son stress de deux manières : par des phrases et par un comportement. Faites un tableau comme celui ci-dessous et tâchez de le remplir. Cet exercice est une occasion de réviser vos acquis Process Com. Comparez ensuite avec ce que nous proposons ci-après.

Réviser les acquis Process Com

Profil	Expression verbale de stress	Comportement de stress
Travaillomane		
Persévérant		
Etc.		

Une fois votre tableau rempli voyez profil par profil, ci-dessous, comment repérer le stress de chacun d'entre eux et comment agir.

Comment manager le stress du profil Travaillomane ?

Exploiter les actions proactives vues dans le chapitre.

Profil	Expression verbale de stress	Comportement
Travaillomane	Il pose beaucoup de questions à l'animateur. Il anticipe le déroulement du sujet. Il demande des précisions sur l'horaire. Il pose des questions sur l'ordre du jour et sur l'organisation dans le but de bien faire.	Bon élève

Le profil Travaillomane en stress est peu gênant pour l'animateur. Cependant, l'animateur peut avoir du mal à gérer le chrono. Sa contribution en réunion est précieuse car il obligera à être clair dans le but de bien faire.

« Être proactif en réunion » retarde la mise sous stress.

Voici un rappel :

- ordre du jour ;
- structurer le temps (énoncer les horaires) ;
- indiquer les sources d'informations (où trouver de l'information complémentaire) ;

- accueillir les questions (les noter au paper board) ;
- résultats attendus de la réunion (énoncer le but) ;
- annoncer un temps « questions/ réponses » si c'est le cas ;
- lui suggérer de faire un tableau récapitulatif s'il estime que c'est utile.

Comment manager le stress du profil Persévérant ?

Profil	Expression verbale de stress	Comportement
Persévérant	Il s'exprime peu. Il posera une question longue dans le dernier quart de la réunion. Il dira : « *J'ai une question* » mais ce sera une opinion. Il coupe la fin des phrases (pour montrer qu'il a compris).	Son attitude préférée est celle du sphinx. Son comportement laisse présager qu'il est dans le jugement. Il se complaît dans le rôle de leader caché, celui qu'on regarde pour savoir comment agir.

Le profil Persévérant en stress peut être gênant en réunion car il est jusqu'au-boutiste. Il n'est pas adepte de mettre de l'eau dans son vin car il estime que tout ce qu'il entreprend est du domaine de la cause publique ou de l'intérêt général (ce qui est souvent le cas).

Comment manager son stress ?

Exploiter les actions proactives retarde l'entrée en stress, voire évite que le profil Persévérant entre en stress.

Voici un rappel :

- annoncer qu'un avis préalable sera demandé à chacun avant toute décision ;
- mettre en perspective le travail en cours ou en donner la philosophie.

Que faire quand le profil Persévérant entre en stress (croisade) :

Reformuler sa question : *« Ai-je bien compris ton point de vue qui est de dire… »* C'est la manière de satisfaire son besoin psychologique : « reconnaissance de son opinion ». Ensuite le remercier pour son avis qui viendra enrichir la réflexion pour la prise de décision.

Comment manager le stress du profil Rebelle ?

Profil	Expression verbale de stress	Comportement
Rebelle	Il va dire « *Je ne comprends pas* » ou « *J'comprends rien* » (il n'expliquera pas ce qu'il ne comprend pas).	Parle avec son voisin. Va lancer une blague pour faire sourire la galerie. Soupire. Son comportement a pour but de satisfaire son besoin psychologique de « contact ».

Le profil Rebelle risque d'être d'autant plus gênant que l'animateur disposera de peu d'énergie dans ce profil. En réunion, c'est le profil le plus exposé au risque de stress. En effet, la réunion classique est un univers sans contact. Son besoin psychologique de contact est immédiatement en déficit. Dans cet environnement, le profil Rebelle entre vite en stress, d'autant plus que l'animateur est le symbole de la hiérarchie. Nous avons vu dans le chapitre précédent que le profil Rebelle idéalise un monde sans hiérarchie.

Comment manager son stress ?

Exploiter les actions proactives retarde l'entrée en stress du profil, voire évite que le profil Rebelle entre en stress.

Voici un rappel :

- changements fréquents : sujets, rythme, pédagogie (toutes les 20 minutes environ) ;
- ambiance légère (dédramatiser, plaisanterie, etc.) ;
- favoriser les travaux en sous-groupes.

Que faire quand le stress s'exprime par « Je ne comprends pas » ?

S'approcher du participant pour prendre le « contact » et satisfaire son besoin psychologique. Ensuite, répondre, non pas à lui mais à tout le groupe. Ce n'est qu'après avoir explicité le sujet incompris à toute l'équipe que l'animateur s'adressera au participant au profil Rebelle pour valider rapidement si c'est ok pour lui.

Si nous n'adressions notre réponse qu'au participant (Rebelle), celui-ci aurait la sensation d'être le seul à ne pas comprendre. Cela ne ferait qu'augmenter son stress. Et nous serions privés de sa précieuse contribution à la réunion.

Attention, le profil Rebelle dira « *Je ne comprends pas* » ou « *Je ne comprends pas tel point* ». Si un participant dit : « *Je ne comprends pas parce que…* » Il s'agit d'un profil qui « Cherche à Entrer en Relation », il ne s'agit donc pas du profil Rebelle.

Comment manager le stress du profil Promoteur?

Profil	**Expression verbale de stress**	**Comportement**
Promoteur	Il exprime un désaccord comme : « pas d'accord ». Il annonce qu'il sera obligé de partir avant la fin de la réunion pour une raison majeure. Il précise qu'il laissera son portable allumé car il attend un appel important.	Il fait autre chose (tripote son portable, envoie des textos, gère ses mails, dessine). Il prolongera les pauses, arrivera en retard.

Le profil Promoteur en stress peut être déstabilisant pour l'animateur.

Comment manager son stress ?

Exploiter les actions proactives peut retarder et même éviter que le participant dans son profil Promoteur entre en stress.

Rappelons ces actions :

- son intérêt (il est toujours gagnant d'évoquer l'intérêt du travail en cours) ;
- le charme (autorisez-vous à mettre du charme dans votre animation) ;
- un challenge (la réunion doit porter un challenge, un défi) ;
- l'action (transformer en action : chaque sujet doit être conclu par une décision-action).

Comment s'y prendre avec le « *pas d'accord* » sans explication ou peu de raisons ?

Tout d'abord, inviter le participant à expliquer son désaccord. Une fois les quelques rares explications données, l'animateur sollicitera le maximum de participants pour qu'ils expriment leurs positions. Soit une bonne partie du groupe adopte un avis différent de l'opposant, soit la quasi-totalité du groupe. Dans les deux cas, le participant dans son profil Promoteur sera en minorité et donc dans une situation d'excitation, son besoin psychologique sera satisfait... L'animateur actera qu'il y a des positions divergentes et que la suite de la réunion éclairera la meilleure option ou il décidera immédiatement sans danger pour lui puisque les avis sont partagés.

Comment manager le stress quand le participant dans son profil Promoteur quitte la réunion avant la fin ? Une interaction propre à satisfaire son besoin d'excitation et son intérêt personnel, peut l'amener à surseoir son départ. Une interaction du type : « *Jacques si tu quittes maintenant, tu vas rater..., tu verras le compte rendu* ! »

Comment manager le stress quand le profil Promoteur rentre après avoir prolongé une pause ? « *Jacques, tu as raté un bout, vois avec tes collègues pour rattraper le coup !* » Cela satisfait le besoin d'excitation. Ne pas se sur-adapter en faisant un résumé.

Comment manager le stress du profil Rêveur?

Profil	Expression verbale de stress	Comportement
Rêveur	Ne prend quasiment pas la parole. Il est attentif. L'animateur observera qu'il donne des réponses souvent seulement audibles par ses voisins immédiats.	Sa présence est passive. Son visage est attentif, mais sans expression avec une forme de « présence absente ».

Reprenons les points évoqués :

Le profil Rêveur en stress est si discret que l'animateur et le groupe peuvent l'oublier. Cet oubli accentue son stress. En effet, n'oublions pas sa question existentielle : suis-je voulu ?

Comment manager son stress ?

Exploiter les actions proactives retarde et même peut éviter que le participant dans son profil Rêveur n'entre en stress. Reprenons les points évoqués :

- lui dire ce que nous attendons de lui (il y a toujours un moment dans la réunion pour le lui dire) ;
- préannoncer la question finale que nous lui adresserons (sa réponse est toujours porteuse de richesse) ;
- lui poser la dernière question (ne pas l'oublier car il ne le rappellera probablement pas).

L'animateur adoptera une organisation permettant de repérer les participants qui n'interviennent pas dans la réunion. C'est précieux lors des réunions téléphoniques. L'animateur le sollicitera avec le canal directif : « *Jacques, réfléchis à ce que tu ferais et fais-nous en part s'il te plaît* » (fait appel à son imagination). L'animateur interroge sans avoir l'exigence d'une réponse. Après avoir été sollicité au moins deux fois, le profil Rêveur élèvera son niveau de coopération.

Comment manager le stress du profil Empathique ?

Profil	**Expression verbale de stress**	**Comportement**
Empathique	A tendance à se dévaloriser : « *Je ne suis pas en forme.* » ou « *C'est un domaine dans lequel je ne suis pas bon.* » Évoquera son incertitude : « *Je ne suis pas sûr de savoir faire…* »	Sera maladroit (renverse le café, fait tomber un dossier, etc.). Se sur-adapte.

Reprenons les points évoqués :

Le profil Empathique en stress n'est pas très gênant mais nous perdons son précieux rôle de facilitateur.

Comment manager son stress ?

L'exploitation des actions proactives peut retarder et même éviter que le profil Empathique n'entre en stress. Reprenons les points évoqués :

- accueil personnel (si l'accueil individuel n'est pas possible, une introduction dans les six profils chaleureuse sera vécue comme un accueil personnel) ;

➢ environnement convivial.

Quand le participant dans son profil Empathique montre du stress, le mieux est de satisfaire son besoin psychologique : « reconnaissance inconditionnelle ». Cela peut s'exprimer de la manière suivante : *« Jacques, je suis heureux que tu sois parmi nous. »*

À RETENIR

Le management du stress avec Process Com permet de voir que le stress n'est pas concept indéfinissable, presque inabordable. Avec Process Com, nous savons qu'il y a autant de types de stress que de profils (6) et que chaque profil exprime trois degrés de stress. Process Com nous propose 18 (6 x 3) types de stress identifiés, décrits et définis.

Nos développements sur le stress s'expriment de trois manières :

1. l'introduction adressée aux six profils destinée à élever le niveau d'énergie des six profils, voire les mettre à 100 % d'énergie (chapitre 8) ;
2. les actions proactives pour retarder l'entrée en stress, voire l'éviter (chapitre 8) ;
3. manager le stress quand il apparaît (le présent chapitre).

Profil par profil, nous avons identifié des typologies de stress et vu comment manager le stress instantanément et aider le collaborateur à sortir de son stress.

Vous trouverez, ci-après, un tableau récapitulatif, profil par profil.

Tableau récapitulatif « manager » le stress

PROFIL	Expressions du stress		Comment « manager » le stress
	Phrases	**Comportements**	
REBELLE	Va dire : « *Je ne comprends pas* » ou : « *Je n'ai pas très bien compris* » (il n'expliquera pas ce qu'il ne comprend pas).	Parle avec son voisin. Va lancer une blague pour faire rire la galerie. Son comportement a pour but de satisfaire son besoin psychologique de « contact ».	Exploiter les actions proactives : – changements fréquents : sujets, rythmes, pédagogies (toutes les vingt minutes) ; – ambiance légère (dédramatiser, plaisanterie, etc.) ; – favoriser les travaux en sous-groupes. « Manager » le stress « *je ne comprends pas* » : s'approcher du participant (contact). Répondre à tout le groupe. Et valider avec le participant si c'est ok pour lui.
PROMOTEUR	Exprime un désaccord non expliqué : « *pas d'accord* ». Annonce qu'il sera obligé de partir avant la fin de la réunion pour une raison majeure. Précise qu'il laissera son portable allumé car il attend un appel important.	Fait autre chose (tripote son portable, dessine). Prolongera les pauses, arrivera en retard	Exploiter les actions proactives : – son intérêt perso (l'intérêt du travail en cours) ; – charme (autorisez-vous à mettre du charme dans votre animation) ; – l'ambition de la réunion (challenge, un défi) ; – conclure tout sujet par un plan d'actions. « Manager » le stress « *je ne suis pas d'accord* » : inviter le participant à s'expliquer. Solliciter la position des participants. Le participant est en minorité (excitation). « Manager » le stress du profil qui veut partir avant… : interaction satisfaisant le besoin d'excitation et l'intérêt personnel : « *Jacques si tu quittes maintenant, tu vas rater…. tu verras le compte rendu ou les autres.* » « Manager » le stress du profil qui a prolongé la pause : « *Jacques, tu as raté un bout, vois avec tes collègues.* »

…/…

…/…

PROFIL	Expressions du stress		Comment « manager » le stress
	Phrases	Comportements	
PERSÉVÉRANT	S'exprime peu. Il posera une question longue dans le dernier quart de la réunion. Il dira : « J'ai une question » mais ce sera une opinion. Coupe la fin des phrases (pour montrer qu'il a compris).	Son attitude préférée est celle du sphinx. Son comportement laisse présager qu'il est dans le jugement Se complaît dans le rôle de leader caché, celui qu'on regarde pour connaître sa position.	Exploiter les actions proactives : – prévenir qu'avant toute décision, l'avis sera demandé ; – le sens du travail (perspective du travail en cours). « Manager » le stress « quand il entre en croisade » : reformuler sa question : *« si j'ai bien compris, tu veux dire que… »* (besoin psychologique : « reconnaissance de son opinion ». Remercier pour son avis.
TRAVAILLOMANE	Inonde l'animateur de questions. Anticipe le déroulement du sujet. Pose des précisions sur l'horaire. Pose des questions sur l'ordre du jour et sur l'organisation dans le but que ce soit clair.	Attitude bon élève.	Exploiter les actions proactives : – ordre du jour ; – structurer le temps (énoncer les horaires) ; – source des informations (où les trouver) ; – accueillir les questions (les noter au paper board) ; – résultats attendus de la réunion (énoncer le but) ; – annoncer un temps « questions/ réponses » ; – suggérer qu'il fasse un tableau récapitulatif.

…/…

.../...

PROFIL	Expressions du stress		Comment « manager » le stress
	Phrases	**Comportements**	
RÊVEUR	Ne prend quasiment pas la parole. Attentif, l'animateur observera qu'il donne des réponses en s'exprimant si bas que seuls ses voisins l'entendent.	Sa présence est passive Son visage est relativement attentif mais sans expression avec une forme de présence-absente (!)	Exploiter les actions proactives : – lui dire ce qu'on attend de lui ; – pré-annoncer la question finale que nous lui poserons ; – lui poser la dernière question (ne pas l'oublier). Comment « manager » le stress ? (le but, c'est qu'il participe). Adopter une organisation pour repérer les participants qui n'interviennent pas (surtout par téléphone). Le solliciter avec le canal directif : « *Jacques dis-nous ce que tu ferais à ce sujet.* »
EMPATHIQUE	A tendance à se dévaloriser : « *Je ne suis pas en forme aujourd'hui* » ou « *C'est un domaine dans lequel je ne suis pas bon.* » Évoquera son incertitude : « *Je ne suis pas sûr de savoir faire…* »	Sera maladroit, (renverse le café, fait tomber un dossier, etc.)	Exploiter les actions proactives : – accueil personnel ou introduction dans les 6 profils, chaleureuse ; – environnement convivial. Comment « manager » le stress ? Satisfaire son besoin psychologique : « reconnaissance inconditionnelle : « *Jacques, je suis heureux que tu sois parmi nous.* »

Ultime recommandation

Par définition, vous connaissez bien chaque membre de votre équipe. Néanmoins, ne faites pas d'hypothèse sur le profil Process Com que votre collaborateur vous présentera dans une réunion, même si d'habitude vous l'observez toujours dans le même profil.

Dans nos formations, nous insistons sur ce principe, à travers des exercices quotidiens. Si vous évitez de mettre les gens dans des cases, vous tirerez tout le profit que Process Com peut apporter dans notre métier de manager.

Troisième partie

Process Com en pratique

Dans notre formation « *Manager avec Process Com* », la majeure partie est consacrée à « For manager only ». Les managers ont mis en pratique nos développements pour être prêts à pratiquer Process Com en mode réflexe. Comme pour toute discipline, cela requiert de l'entraînement. L'entraînement aura deux fonctions : éduquer l'oreille et décoder instantanément ce qui permet d'identifier le profil de son interlocuteur.

Entraînement first !

Pour s'entraîner et aboutir à une pratique de Process Com en mode réflexe, nous avons bâti un outil appelé « verbatim ». Il suffit de se remémorer quelques phrases de la personne avec qui le relationnel n'est pas satisfaisant. Cet outil offre un terrain d'entraînement que nous allons investir tout de suite.

À l'aide du « verbatim », nous allons nous exercer à identifier les six profils et à construire les réponses Process Com pour rétablir instantanément la communication.

CHAPITRE 10

Dynamique du profil Persévérant

Le graphique ci-dessous est un repère pour faciliter tant l'identification du profil Persévérant que pour bâtir des interactions Process Com.

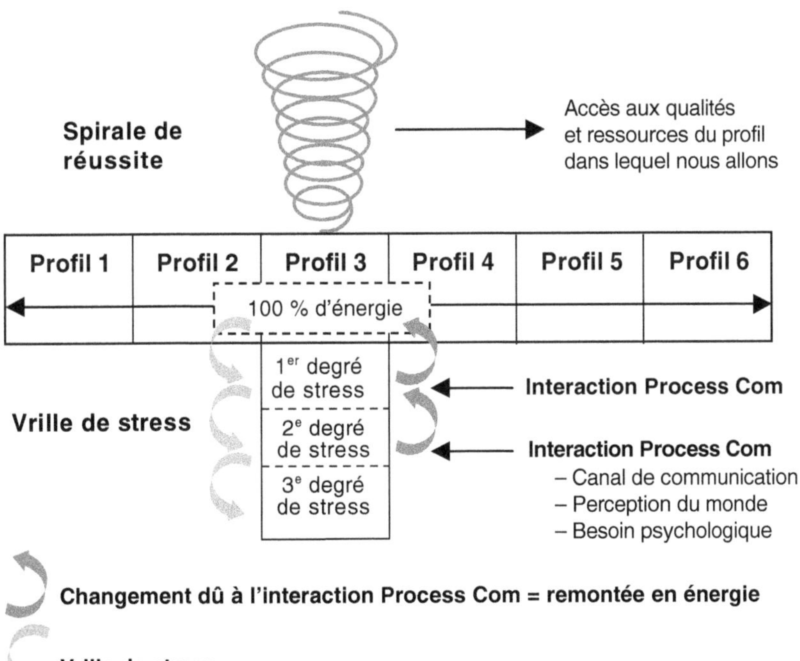

Rappel

Entrée en relation : il Cherche à Entrer en Relation (CER) par le biais de ses opinions.
Style de management préféré : démocratique.
Question existentielle : « Suis-je digne de confiance ? »
Scénario de vie : tant que (jusqu'à ce que).
En ayant les éléments ci-dessus sous les yeux, exercez-vous à identifier le profil du collaborateur dont les phrases, ci-dessous, sont en gras.

Verbatim du profil

Le verbatim ci-dessous est constitué de plusieurs échanges. L'ordre chronologique n'a pas d'importance. Les paroles du collaborateur dont on cherche le profil sont en gras. Le reste du verbatim est composé des paroles du manager ou de ses commentaires.

Tâchez de qualifier le profil du collaborateur en identifiant : l'entrée en relation, la position de vie, le canal, la perception du monde, le style de management éventuel, le driver (premier degré de stress) ou le masque du deuxième degré de stress.

1. (manager) Je lui ai proposé un job tout à fait adapté pour lui : il l'a envoyé bouler.
2. **Comment peux-tu imaginer que cela me convienne ? Ce type de boulot, je l'ai déjà fait. Je ne veux plus en entendre parler. Je suis capable de faire mieux.**
3. (manager) Le responsable technique n'est pas un technicien, c'est quelqu'un qui gère la relation client, qui manage les équipes.
4. **Tu ne te rends pas compte de tout le travail que j'ai réalisé chez mes clients. Sinon, tu ne me proposerais pas un tel poste.**

Le collaborateur rappelle son manager une heure après :

5. **J'ai peut-être exagéré.**

Une autre fois :

6. **Tant que tu ne m'auras pas précisé dans quelle perspective s'inscrit ce job dans ma carrière, je n'irai pas.**

Une autre fois :

7. **Est-ce que tu es prêt à m'accompagner chez le client ?**

Commentaire : observez la phrase 6. Il s'agit d'un scénario : lequel ?

Identification du profil

Entrée en relation

Le collaborateur Cherche à Entrer en Relation en attaquant : « tu… tu… tu… tu… »

Cette identification permet d'éliminer les trois profils qui Entrent en Relation Quand

Persévérant	Travaillomane	Empathique
Cherchent à Entrer en Relation par le biais de…		

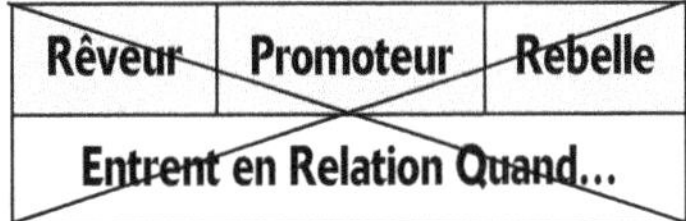

Rêveur	Promoteur	Rebelle
Entrent en Relation Quand…		

Position de vie

+/– : attaquant. Phrases [2 ; 4 ; 6] (ces phrases sont dans une position de vie +/–).

Seuls deux profils présentent le masque d'attaquant : Persévérant et Travaillomane.

Persévérant	Travaillomane	Empathique
Cherchent à Entrer en Relation par le biais de…		
+/–	+/–	–/+

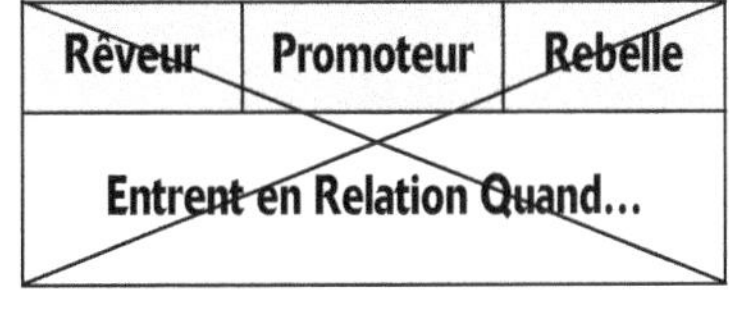

Rêveur	Promoteur	Rebelle
Entrent en Relation Quand…		

Avec seulement deux questions, nous n'hésitons plus qu'entre deux profils : Travaillomane et Persévérant. Effectivement, parmi les trois profils qui Cherchent à Entrer en Relation, deux sont en stress de deuxième degré en **+/–**.

Driver

Voit ce qui ne va pas [4] : profil Persévérant.

Au regard du tableau ci-dessous, il ne nous reste plus que le profil Persévérant.

Persévérant	**Travaillomane**	**Empathique**
Cherchent à Entrer en Relation par le biais de...		
+/–	+/–	–/+
Ne voit que ce qui ne va pas.	Ne délègue plus.	

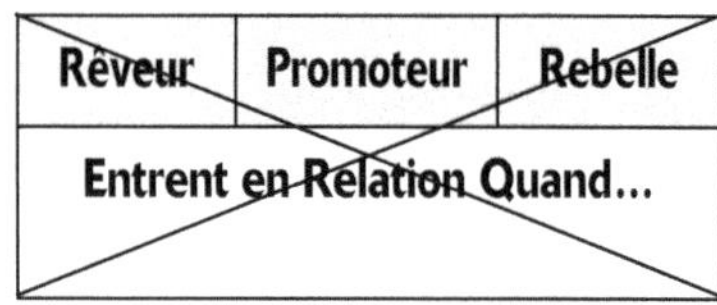

Rêveur	**Promoteur**	**Rebelle**
Entrent en Relation Quand...		

Les autres critères d'identification dans ce verbatim vont servir à valider le profil Persévérant.

Canal de communication ou style de management

Interrogatif : [7].

Perception du monde

[2] : opinion.

Scénario de vie

Tant que : [6].

Conclusion

Le collaborateur est dans un profil Persévérant.

L'exercice ci-après va nous apprendre à rétablir la communication.

Rétablir la communication avec un profil Persévérant

Exercez-vous à bâtir des réponses en format Process Com. Cet entraînement vous servira quand le collaborateur sera de nouveau en stress. Il formulera des structures de phrases similaires. Vous disposerez alors de structures de phrases pour répondre en mode réflexe. La probabilité, c'est que le relationnel se rétablisse dès la première interaction.

Exercice

Comment aurait-il fallu répondre au collaborateur de profil Persévérant pour rétablir la communication ? Bâtissez une réponse aux phrases en gras – celles du collaborateur – avec les trois éléments de l'interaction Process Com : le canal de communication, la perception du monde et le besoin psychologique.

Ci-dessous, nous traitons la première réponse avec son corrigé pour faciliter l'apprentissage. Une fois l'exercice réalisé, validez vos réponses à l'aide du corrigé proposé en fin d'exercice.

2. **Comment peux-tu imaginer que cela me convienne ? Ce type de boulot, je l'ai déjà fait. Je ne veux plus en entendre parler. Je suis capable de faire mieux.**

   ⇒ *« Est-ce que je comprends bien si je dis que tu as déjà fait ce job et que tu le maîtrises ? Je respecte ton point de vue. Laisse-moi partager avec toi la situation sous un angle différent. Es-tu d'accord ? »*

➢ Canal interrogatif (ou style démocratique) : « Es-tu d'accord ? » – OUI

➢ Perception du monde : opinions – OUI

➢ Besoin psychologique : reconnaissance des opinions – OUI

Traitez les autres phrases concernées.

4. **Tu ne te rends pas compte de tout le travail que j'ai réalisé chez mes clients. Sinon, tu ne me proposerais pas un tel poste.**

   ⇒ ....

➢ Canal interrogatif (ou style démocratique) :

➢ Perception du monde : opinions

- ➢ Besoin psychologique : reconnaissance des opinions et/ou du travail

6. Tant que tu ne m'auras pas précisé dans quelle perspective s'inscrit ce job dans ma carrière, je n'irai pas.

⇒ ....

Processus scénario de vie « jusqu'à ce que » :

- ➢ Satisfaire les besoins psychologiques du profil Persévérant.
- ➢ Répondre à la question existentielle : confiance.
- ➢ Conclure par le style de management démocratique : « Qu'est-ce que tu fais si ça rate ? » ou « Qu'est-ce que tu fais si tu ne maîtrises pas toute la situation ? ».

Corrigé

4. Tu ne te rends pas compte de tout le travail que j'ai réalisé chez mes clients. Sinon, tu ne me proposerais pas un tel poste.

⇒ *Si je comprends bien, tu crois que je sous-estime le travail que tu réalises chez tes clients. Au contraire, je crois que le travail que tu fais est remarquable non seulement dans ses résultats mais aussi par l'image professionnelle que tu donnes de notre entreprise. Est-ce que tu veux bien prendre en considération que le poste que je te propose ne peut être assuré que par un professionnel ?*

- ➢ Canal interrogatif (ou style démocratique) : OUI, question à la fin
- ➢ Perception du monde : opinions et travail – OUI
- ➢ Besoin psychologique : reconnaissance des opinions, reformulation – OUI

6. Tant que tu ne m'auras pas précisé dans quelle perspective s'inscrit ce job dans ma carrière, je n'irai pas.

⇒ *C'est légitime que tu veuilles savoir dans quelle perspective s'inscrit ce job. Cependant je te crois capable de fixer toi-même les perspectives. Si tu mènes les deux de front, quelle est l'ampleur du risque ? Je suis prêt à te faire confiance. Qu'est-ce que tu peux envisager de faire si cela rate ? Quelle stratégie adopter ?*

Processus scénario de vie « jusqu'à ce que » :

- Besoin psychologique : reformulation – OUI
- Répondre à la question existentielle : confiance – OUI
- Quelle stratégie adopter si cela rate ? – OUI

CHAPITRE 11

Dynamique du profil Travaillomane

Le graphique ci-dessous est un repère pour faciliter tant l'identification du profil Travaillomane que pour bâtir des interactions Process Com.

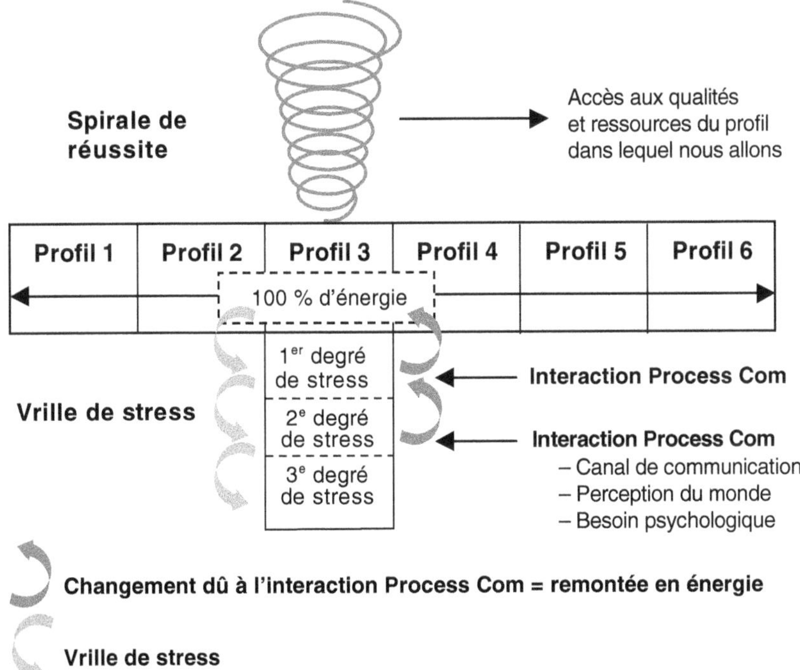

Rappel

Entrée en relation : il Cherche à Entrer en Relation (CER) par le biais des faits.
Style de management préféré : démocratique.
Question existentielle : « Suis-je compétent ? »
Scénario de vie : tant que (jusqu'à ce que).
En ayant les éléments ci-dessus sous les yeux, exercez-vous à identifier le profil du collaborateur dont les phrases, ci-dessous, sont en gras.

Verbatim du profil

Le verbatim ci-dessous est constitué de plusieurs échanges qui ne sont pas nécessairement dans un ordre chronologique. Les paroles du collaborateur dont on cherche le profil sont en gras. Le reste du verbatim est composé des paroles du manager ou de ses commentaires.

Cherchez à qualifier le profil du collaborateur en identifiant l'entrée en relation, la position de vie, le canal, la perception du monde, le style de management éventuel, le driver (premier degré de stress) ou le masque du deuxième degré de stress.

1. (manager) Est-ce que tu veux qu'on voie les modifs à faire dans ce tableau ?
2. **Mais attends, ça fait deux ans que je traite ce sujet. Je suis capable de le faire toute seule. Tu ne me crois pas compétente ?**

Une autre fois :

3. (manager) Tiens, il faut qu'on regarde cela.
4. **Tu ne me laisses pas faire mon travail.**

Une autre fois :

5. (manager) Tu fais bien ton travail.
6. **Est-ce que tu peux me donner un coup de main là-dessus ?**

Une autre fois :

8. **Tant que je n'ai pas fini mes tableaux, je ne peux pas entreprendre ce que tu me demandes de faire.**
9. **Non, je n'ai pas fini, je l'ai refait quatre fois pour que ce soit impeccable.**

10. (manager) Pourquoi ne l'as-tu pas confié à Untel ?

11. J'ai plus vite fait de le faire moi-même.

Identification du profil

Entrée en relation

Le collaborateur Cherche à Entrer en Relation en attaquant : « … ta faute ; tu ne me laisses pas ; tu… tu… »

Cette identification permet d'éliminer les trois profils qui Entrent en Relation Quand.

Position de vie

+/– = attaquant. Phrases [2 ; 4].

Seuls deux profils présentent le masque d'attaquant : Persévérant et Travaillomane.

Persévérant	Travaillomane	Empathique
Cherchent à Entrer en Relation par le biais de...		
+/–	+/–	–/+

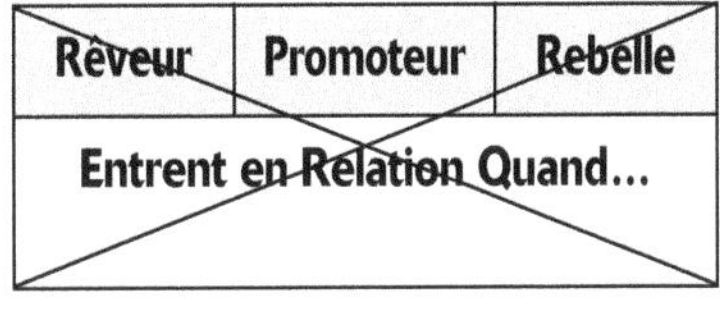

Rêveur	Promoteur	Rebelle
Entrent en Relation Quand...		

Avec seulement deux questions, nous n'hésitons plus qu'entre deux profils : Travaillomane et Persévérant. Effectivement, parmi les trois profils qui Cherchent à Entrer en Relation, deux sont en stress de deuxième degré en **+/–**.

Driver

Ne délègue plus [11].

Sois parfait enfant [9] : exige de lui-même d'être parfait.

Au regard du tableau ci-dessous, il ne nous reste plus que le profil Travaillomane.

Persévérant	Travaillomane	Empathique
Cherchent à Entrer en Relation par le biais de...		
+/–	+/–	–/+
Ne voit que ce qui ne va pas.	Ne délègue plus.	

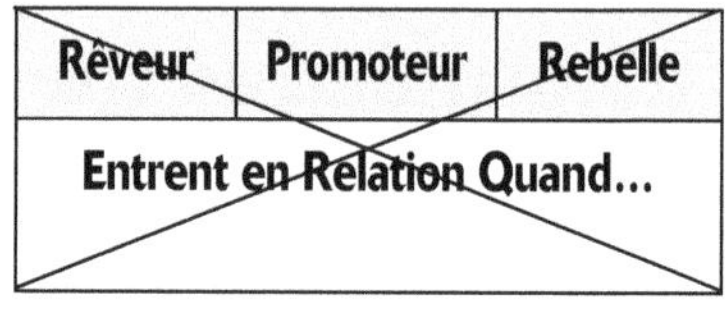

Rêveur	Promoteur	Rebelle
Entrent en Relation Quand...		

Canal de communication ou style de management

Interrogatif : [6].

Perception du monde

[8] : faits.

Conclusion

Le collaborateur est dans un profil Travaillomane.

L'exercice ci-dessous va nous apprendre à rétablir la communication.

Rétablir la communication avec un profil Travaillomane

Exercez-vous à bâtir des réponses en format Process Com. Cet entraînement vous servira quand le collaborateur sera de nouveau en stress. Il formulera des structures de phrases similaires. Vous disposerez alors de structures de phrases pour répondre en mode réflexe. La probabilité, c'est que le relationnel se rétablisse dès la première interaction.

Exercice

Comment aurait-il fallu répondre au collaborateur de profil Travaillomane pour rétablir la communication ? Bâtissez une réponse aux phrases en gras – celles du collaborateur – avec les trois éléments de l'interaction Process Com : le canal de communication, la perception du monde et le besoin psychologique.

Ci-dessous, nous traitons la première réponse avec son corrigé pour faciliter l'apprentissage. Une fois l'exercice réalisé, validez vos réponses à l'aide du corrigé proposé en fin d'exercice.

2. **Mais attends, ça fait deux ans que je traite ce sujet. Je suis capable de le faire toute seule. Tu ne me crois pas compétente ?**

   ⇒ *J'apprécie la qualité de ton travail. Es-tu d'accord pour que nous cherchions ensemble un moyen de le faire en consommant encore moins de temps, ou veux-tu le faire seule ?*

➢ Canal interrogatif (ou style démocratique) : « Es-tu d'accord ? » – OUI

➢ Perception du monde : engagements respectés – OUI

➢ Besoin psychologique : qualité de son travail ; structuration du temps – OUI

4. **Tu ne me laisses pas faire mon travail.**

   ⇒ ....

➢ Canal interrogatif (ou style démocratique) :

➢ Perception du monde :

➢ Besoin psychologique :

6. **Est-ce que tu peux me donner un coup de main là-dessus ?**

La phrase 6 n'est pas à traiter, car elle est en position de vie +/+.

La phrase 8 exprime un scénario de vie. Traitez-le comme tel.

8. **Tant que je n'ai pas fini mes tableaux, je ne peux pas entreprendre ce que tu me demandes de faire.**

➢ Satisfaire les besoins psychologiques du profil Travaillomane.

➢ Répondre à la question existentielle : compétence.

- ➢ Conclure par le style de management démocratique : « Qu'est-ce que tu fais si ça rate ? » ou « Qu'est-ce que tu fais si tu ne maîtrises pas toute la situation ? »

9. Non, je n'ai pas fini, je l'ai refait quatre fois pour que ce soit impeccable.

11. J'ai plus vite fait de le faire moi-même.

La phrase 11 n'est pas à traiter, car elle n'est pas en deuxième degré de stress +/–.

Corrigé

2. Mais attends, ça fait deux ans que je traite ce sujet. Je suis capable de le faire toute seule. Tu ne me crois pas compétente ?

⇒ *Je reconnais que ton travail sur les tableaux est remarquable. Ce travail est à faire dans un délai beaucoup plus court que d'habitude. Est-ce que cela requiert de l'aide de ma part ? (alternative au corrigé précédent)*

- ➢ Canal interrogatif (ou style démocratique) : « Est-ce que… ? » – OUI
- ➢ Perception du monde : faits – OUI
- ➢ Besoin psychologique : reconnaissance du travail et structuration du temps – OUI

4. Tu ne me laisses pas faire mon travail.

⇒ *Tu es la personne dont la délégation est la plus large de par ton niveau de compétence. Si tu as besoin de moi, est-ce que tu me le diras ?*

- ➢ Besoin psychologique : OUI
- ➢ Perception du monde : OUI
- ➢ Canal interrogatif (ou style démocratique) : OUI

8. Tant que je n'ai pas fini mes tableaux, je ne peux pas entreprendre ce que tu me demandes de faire.

(Scénario de vie « jusqu'à ce que »)

⇒ *Je comprends que tu aies des priorités à gérer. Tu as toute la compétence pour cela. Et si tu entamais le deuxième projet de manière à mener les deux de front, que se passerait-il au pire ? (réponse) Peux-tu imaginer ce que tu ferais dans ce cas ?*

- Besoin psychologique : OUI
- Répondre à la question existentielle : OUI
- « Comment t'y prendrais-tu si cela ratait ? » : OUI

CHAPITRE 12

Dynamique du profil Rêveur

Le graphique ci-dessous est un repère pour faciliter tant l'identification du profil Rêveur que pour bâtir des interactions Process Com.

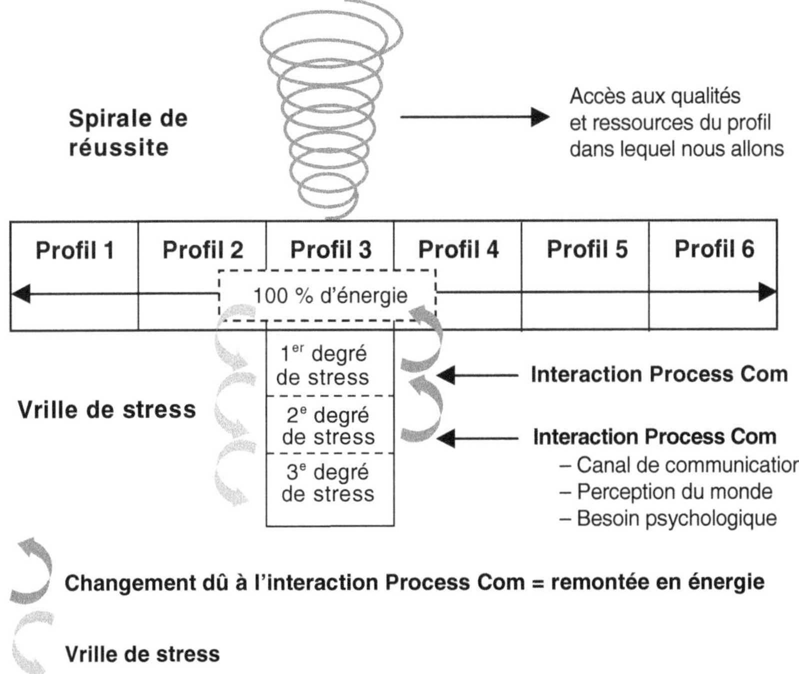

RAPPEL

Entrée en relation : Entre en Relation essentiellement Quand (ERQ). Quand il est obligé ou invité (en directif).
Question existentielle : « Suis-je voulu ? »
Scénario de vie : « jamais ».
Style de management préféré : autocratique (directif).
En ayant les éléments ci-dessus sous les yeux, exercez-vous à identifier le profil du collaborateur dont les phrases, ci-dessous, sont en gras.

En ayant les éléments ci-dessus sous les yeux, exercez-vous à identifier le profil du collaborateur dont les phrases, ci-dessous, sont en gras.

Verbatim du profil

Le verbatim ci-dessous est constitué de plusieurs échanges qui ne sont pas nécessairement dans un ordre chronologique. Les paroles du collaborateur dont on cherche le profil sont en gras. Le reste du verbatim est composé des paroles du manager ou de ses commentaires.

Tâchez de qualifier le profil du collaborateur en identifiant l'entrée en relation, la position de vie, le canal, la perception du monde, le style de management éventuel, le driver (premier degré de stress) ou le masque du deuxième degré de stress.

1. (manager) C'est un collaborateur avec qui le style de management autocratique marche bien, puis tout se bloque.
2. (manager) C'est pas fini ?
3. **Non... je ne sais pas... ça ne marche pas ???**
4. (manager) Il se referme sur lui-même. Jamais en colère.
5. Il ne communique plus avec les autres.

Quand je lui demande quelque chose :

6. **Je ne sais pas...**

Une autre fois :

7. (manager) Je m'assieds à côté de lui et lui demande pourquoi il fait cela (afin de l'aider). Il me fait des réponses du genre :
8. **Ah... à moins que... y a peut-être...**

Une autre fois :

9. (manager) Je lui demande de faire quelque chose, puis quand je reviens, ce n'est toujours pas abouti.
10. Qu'est-ce que je fais maintenant ?

Une autre fois :

11. (manager) Il faut que tu fasses attention au périmètre…
12. Oui, j'ai perdu du temps, je suis allé voir sur Internet.
13. Ouh là, ça bloque encore.

Identification du profil

Entrée en relation

Le collaborateur **E**ntre en **R**elation **Q**uand il est sollicité. Il est dans sa bulle.

Cette identification permet d'éliminer les trois profils qui Cherchent à Entrer en Relation.

Persévérant	Travaillomane	Empathique
Cherchent à Entrer en Relation par le biais de…		

Rêveur	Promoteur	Rebelle
Entrent en Relation Quand…		

Position de vie

–/+ : geignard. Phrases [3 ; 12].

Seuls un profil présente le masque de geignard : Rêveur.

« ne finit plus ses tâches » [2 ; 9]

Cette position de vie élimine les deux profils en +/- : Rebelle et Promoteur.

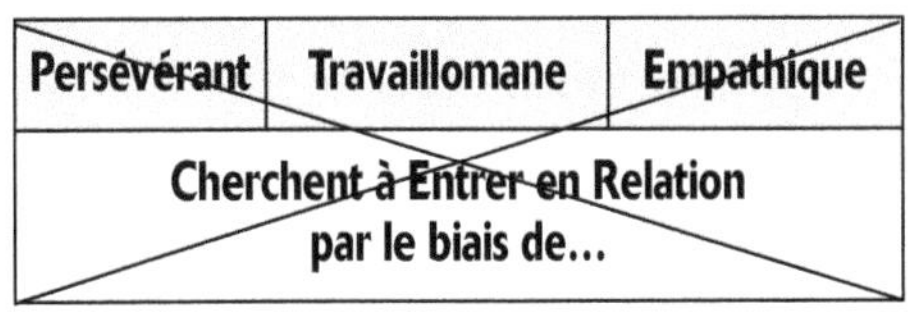

Persévérant	Travaillomane	Empathique
Cherchent à Entrer en Relation par le biais de…		

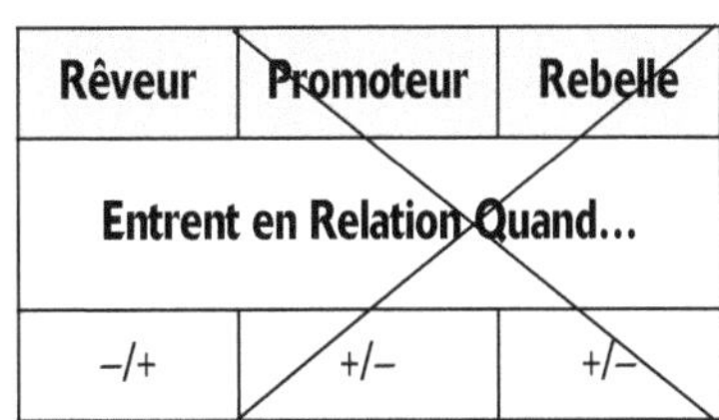

Rêveur	Promoteur	Rebelle
Entrent en Relation Quand…		
–/+	+/–	+/–

Avec seulement deux questions, nous identifions le profil Rêveur.

Les autres critères d'identification dans ce verbatim vont servir à valider le profil Rêveur.

Driver

Sois fort enfant (exige de lui d'être fort) : [4 ; 5].

Canal de communication

Le canal de communication en émission n'est pas un critère d'identification du profil.

Perception du monde

N'apparaît pas dans le verbatim.

Style de management

Accueille bien le style de management autocratique : [1].

Scénario de vie

N'apparaît pas dans le verbatim.

Conclusion

Le collaborateur est dans un profil Rêveur.

L'exercice ci-dessous va nous apprendre à rétablir la communication.

Rétablir la communication avec un profil Rêveur

Exercez-vous à bâtir des réponses en format Process Com. Cet entraînement vous servira quand le collaborateur sera de nouveau en stress. Il formulera des structures de phrases similaires. Vous disposerez alors de structures de phrases pour répondre en mode réflexe. La probabilité, c'est que le relationnel se rétablisse dès la première interaction.

Exercice

Comment aurait-il fallu répondre au collaborateur de profil Rêveur pour rétablir la communication ? Bâtissez une réponse aux phrases en gras – celles du collaborateur – avec les trois éléments de l'interaction Process Com : le canal de communication, la perception du monde et le besoin psychologique.

Ci-dessous, nous traitons la première réponse avec son corrigé pour faciliter l'apprentissage. Une fois l'exercice réalisé, validez vos réponses à l'aide du corrigé proposé en fin d'exercice.

3. Non... je ne sais pas... ça ne marche pas ???

⇒ (Process Com) *Dis-moi où tu en es, et imagine des pistes pour sortir de l'impasse. Prends dix minutes pour réfléchir et je reviens pour faire le point.*

Canal directif (ou style autocratique) : verbes à l'impératif, « dis », « imagine », « prends » – OUI

Perception du monde : la phrase fait appel à l'imagination et à la réflexion – OUI

Besoin psychologique : on lui donne du temps pour travailler seul – OUI

6. Je ne sais pas...

⇒ *(Process Com)* ....

➢ Canal directif (ou style autocratique) :

➢ Perception du monde :

➢ Besoin psychologique :

12. Oui, j'ai perdu du temps, je suis allé voir sur Internet.

Cette phrase laisse deviner le scénario « jamais ». À titre d'exercice, traitez la phrase comme s'il s'agissait du scénario « jamais ».

⇒ ....

➢ Besoin psychologique :

➢ Répondre à la question existentielle :

➢ L'inviter à avoir des points réguliers de contrôle :

➢ S'assurer qu'il a un processus de gestion des priorités.

Corrigé

6. Je ne sais pas…

⇒ *Dis, la priorité, c'est le point deux. Le délai consiste à délivrer le rendu d'ici à lundi matin. Propose-moi un plan d'actions pour demain matin.*

➢ Canal directif (ou style autocratique) : « dis », « propose-moi » – OUI

➢ Perception du monde : réflexion (il va mettre à profit le temps pour réfléchir) – OUI

➢ Besoin psychologique : solitude (on lui laisse un peu de temps) – OUI

12. Oui, j'ai perdu du temps, je suis allé voir sur Internet.

À traiter comme s'il s'agissait du scénario « jamais ».

⇒ *Appuie-toi sur tes investigations pour définir tes priorités. Déduis-en un plan d'actions que tu me présenteras demain avant midi. C'est toi que je veux pour réaliser cette mission. Faisons des points de contrôle toutes les semaines. Inspire-toi du processus utilisé pour telle opération.*

➢ Canal directif (ou style autocratique) : « dis-moi », « inspire-toi » – OUI

➢ Perception du monde : on l'invite à s'inspirer (imaginer) – OUI

➢ Besoin psychologique : on va le laisser faire son plan d'actions – OUI

➢ Question existentielle (« Suis-je voulu ? ») : « C'est toi que je veux » – OUI

CHAPITRE 13

Dynamique du profil Empathique

Le graphique ci-dessous est un repère pour faciliter tant l'identification du profil Empathique que pour bâtir des interactions Process Com.

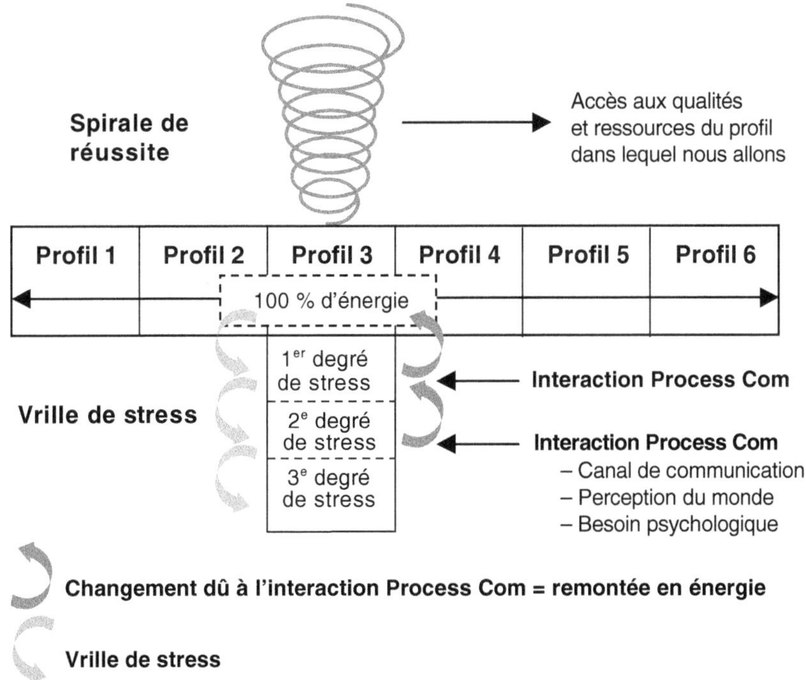

RAPPEL

Entrée en relation : Cherche à Entrer en Relation (CER) par le biais des émotions.
Style de management préféré : bienveillant.
Question existentielle : « Suis-je aimable ? »
Scénario de vie : « après ».
En ayant les éléments ci-dessus sous les yeux, exercez-vous à identifier le profil du collaborateur dont les phrases, ci-dessous, sont en gras.

Verbatim du profil

Le verbatim ci-dessous est constitué de plusieurs échanges qui ne sont pas nécessairement dans un ordre chronologique. Les paroles du collaborateur dont on cherche le profil sont en gras. Le reste du verbatim est composé des paroles du manager ou de ses commentaires.

Il s'agit d'échanges entre un DG et son DAF. Tâchez de qualifier le profil du collaborateur en identifiant l'entrée en relation, la position de vie, le canal, la perception du monde, le style de management éventuel, le driver (premier degré de stress) ou le masque du deuxième degré de stress.

1. (manager) Il s'agit de mon DAF. Nous sommes en phase finale d'une reprise de société. Cela fait deux mois qu'il bute sur la garantie de passif. Il souhaitait m'en dire deux mots.
2. **En fait, le vendeur ne veut pas donner une garantie sur son frère. Je vais donner trois jours à son frère pour réfléchir.**
3. (manager) Pourquoi vous voulez lui donner trois jours ? C'est comme à la pêche : sitôt ferré, il faut garder le fil tendu.
4. **Oui, c'est vrai, je n'avais pas vu cela sous cet angle-là.**
5. **On est presque au bout. J'aimerais que vous m'aidiez.**
6. (manager) « Presque », ça veut dire quoi ?
7. **Je sens que nous sommes d'accord sur le problème juridique, mais je crains que son frère ne veuille peut-être plus.**
8. (manager) Quand je lui reproche quelque chose, il est plutôt chien battu.

9. **Oui, vous avez raison et en plus je le sais.**
10. (manager) On n'a pas beaucoup de désaccords, il a trop tendance à me donner raison.

Style de management qu'il préfère : plutôt bienveillant.

Observez la phrase 7. Il s'agit d'un scénario : lequel ?

Identification du profil

Entrée en relation

Le collaborateur Cherche à Entrer en Relation avec son manager. Il exprime ses émotions. Il est impliqué.

Cela élimine les profils qui Entrent en Relation Quand.

Persévérant	Travaillomane	Empathique
Cherchent à Entrer en Relation par le biais de...		

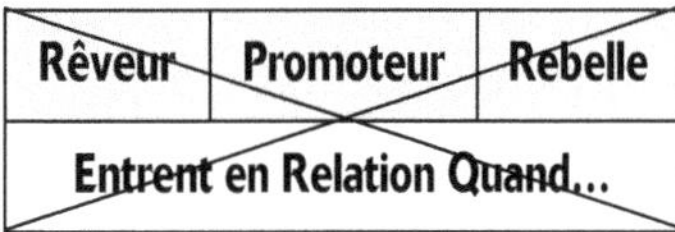

Rêveur	Promoteur	Rebelle
Entrent en Relation Quand...		

Position de vie

–/+. Phrases [4 ; 9]. Geignard.

Seuls deux profils présentent le masque de geignard, mais seul le profil Empathique Cherche à Entrer en Relation.

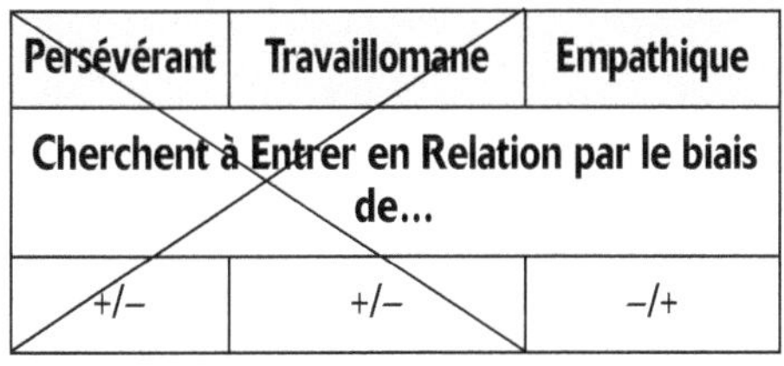

Persévérant	Travaillomane	Empathique
Cherchent à Entrer en Relation par le biais de...		
+/–	+/–	–/+

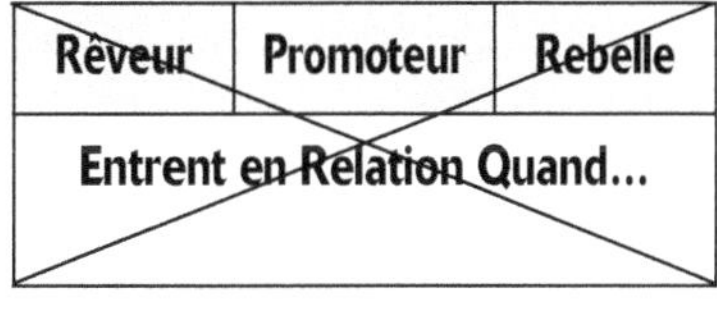

Rêveur	Promoteur	Rebelle
Entrent en Relation Quand...		

Avec seulement deux questions, nous identifions le profil Empathique.

Les autres critères d'identification de ce verbatim vont servir à valider le profil Empathique.

Driver

Fais plaisir : [5].

Persévérant	Travaillomane	Empathique
Cherchent à Entrer en Relation par le biais de...		
+/–	+/–	–/+
Ne voit que ce qui ne va pas.	Ne délègue plus ; fait plaisir.	Se dévalorise ; fait plaisir.

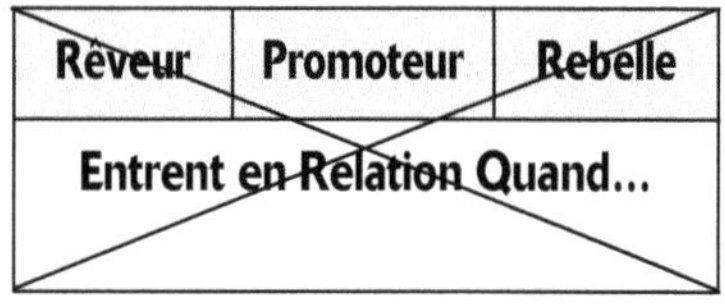

Rêveur	Promoteur	Rebelle
Entrent en Relation Quand...		

Deuxième degré de stress

Se dévalorise : [4].

Fait des erreurs : [9].

Canal de communication ou style de management

Canal nourricier : [2].

Style bienveillant : [11].

Perception du monde

[7] : (je sens que) émotion.

Conclusion

Le collaborateur est dans un profil Empathique.

L'exercice ci-après va nous apprendre à rétablir la communication.

Rétablir la communication avec un profil Empathique

Exercez-vous à bâtir des réponses en format Process Com. Cet entraînement vous servira quand le collaborateur sera de nouveau en stress. Il formulera des structures de phrases similaires. Vous disposerez alors de structures de phrases pour répondre en mode réflexe. La probabilité, c'est que le relationnel se rétablisse dès la première interaction.

Exercice

Comment aurait-il fallu répondre au collaborateur de profil Empathique pour rétablir la communication ? Bâtissez une réponse aux phrases en gras – celles du collaborateur – avec les trois éléments de l'interaction Process Com : le canal de communication, la perception du monde et le besoin psychologique.

Ci-dessous, nous traitons la première réponse avec son corrigé pour faciliter l'apprentissage. Une fois l'exercice réalisé, validez vos réponses à l'aide du corrigé proposé en fin d'exercice.

4. **Oui, c'est vrai, je n'avais pas vu cela sous cet angle-là.**

   ⇒ (processus Process Com) *Tu es l'homme de la situation. Je comprends ce que tu ressens. Si tu as besoin d'un coup de main, n'hésite pas à me le demander.*

➢ Canal nourricier (ou style bienveillant) : proposer son aide – OUI

➢ Perception du monde : émotion (ce que tu ressens) – OUI

➢ Besoin psychologique : reconnaissance inconditionnelle – OUI

7. **Je sens que nous sommes d'accord sur le problème juridique, mais je crains que son frère ne veuille peut-être plus.**

Ici, scénario « après » du profil Empathique. Traitez-le comme tel.

⇒ ....

➢ Besoin psychologique :

➢ Répondre à la question existentielle :

➢ Élargir les possibilités :

➢ Style de management bienveillant :

9. Oui, vous avez raison et en plus je le sais.

⇒ (processus Process Com)..

- ➢ Canal nourricier (ou style bienveillant) :
- ➢ Perception du monde :
- ➢ Besoin psychologique :

Corrigé

2. En fait, le vendeur ne veut pas donner une garantie de passif sur son frère. Je vais donner trois jours à son frère pour réfléchir.

Cette phrase est en +/+. Il n'y a donc pas lieu de la traiter.

7. Je sens que nous sommes d'accord sur le problème juridique, mais je crains que son frère ne veuille peut-être plus.

⇒ *Je sens que tu es l'homme de la situation, car ton client t'apprécie. Je te propose de balayer, à deux, les actions que tu pourrais entreprendre pour augmenter les chances. Fais attention à ne pas perdre ton crédit en oubliant telle personne.*

Processus du scénario de vie « après » :

- ➢ Besoin psychologique : « Tu es l'homme pour… »
- ➢ Répondre à la question existentielle : « Ton client t'apprécie. »
- ➢ Élargir les possibilités : « balayer, à deux, les actions… »
- ➢ Style bienveillant : « Fais attention à ne pas perdre ton crédit », etc.

9. Oui, vous avez raison et en plus je le sais.

⇒ (processus Process Com) *Ça arrive à tout le monde de faire des erreurs. Il n'empêche que, sans toi, l'affaire ne serait pas en si bonne voie. Est-ce que tu auras besoin d'un coup de main ?*

- ➢ Canal nourricier (ou style bienveillant) : « Est-ce que tu auras besoin d'un coup de main ? »
- ➢ Perception du monde : émotion/compassion, « Ça arrive à tout le monde… »
- ➢ Besoin psychologique : reconnaissance inconditionnelle (« sans toi », etc.)

CHAPITRE 14

Dynamique du profil Promoteur

Le graphique ci-dessous est un repère pour faciliter tant l'identification du profil Promoteur que pour bâtir des interactions Process Com.

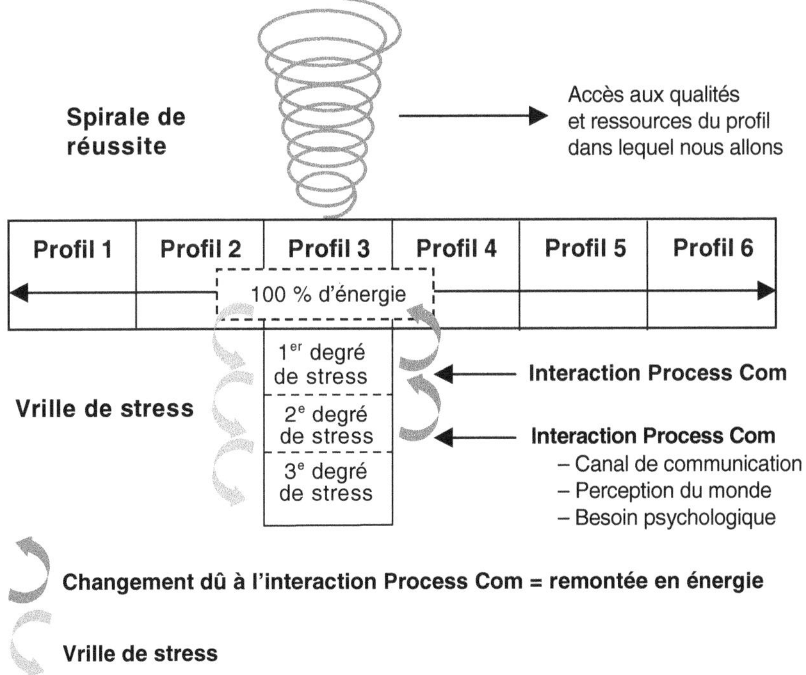

RAPPEL

Entrée en relation : Entre en Relation essentiellement Quand (ERQ) il y voit une opportunité.
Question existentielle : « Suis-je vivant ? »
Scénario de vie : « toujours ».
Style de management préféré : autocratique.
En ayant les éléments ci-dessus sous les yeux, exercez-vous à identifier le profil du collaborateur dont les phrases, ci-dessous, sont en gras.

Verbatim du profil

Le verbatim ci-dessous est constitué de plusieurs échanges qui ne sont pas nécessairement dans un ordre chronologique. Les paroles du collaborateur dont on cherche le profil sont en gras. Le reste du verbatim est composé des paroles du manager ou de ses commentaires.

Tâchez de qualifier le profil du collaborateur en identifiant l'entrée en relation, la position de vie, le canal, la perception du monde, le style de management éventuel, le driver (premier degré de stress) ou le masque (deuxième degré de stress).

1. (manager) Peux-tu contrôler si les différents projets sont en cohérence avec la stratégie du groupe et me faire un compte rendu ?
2. **Je ne suis pas à ta disposition. Je ne suis pas au siège. Demande au patron régional, tu verras !**
3. (manager) Tu ne bosses pas pour moi, tu bosses pour la société.
4. **C'est pas dans mon périmètre. C'est à quelqu'un d'autre de s'en occuper.**

Une autre fois :

5. **Moi, je ne bosse pas sur ce dossier, c'est trop petit, ça ne sert à rien.**
6. (manager) Il prend contact le moins possible.

Une autre fois :

7. **La présentation telle quelle est assez fouillis : faites en sorte que ça ne dégrade pas mon image.**

Une autre fois :

8. Il faut avoir bouclé ce dossier avant la fin de la semaine.
9. **Il faut qu'on se dépêche, on n'a pas le temps (toutes ses demandes se font dans l'urgence).**

Une autre fois :

10. **Travailler au siège, ce serait intéressant. Mais si je vais à Paris, je perdrai l'autonomie qu'on a en province.**

Tentez de déceler le scénario de vie !

Identification du profil

Entrée en relation

Le collaborateur Entre en Relation Quand il a une opportunité à saisir. Il s'agit presque de deux monologues entre le manager et son collaborateur. Quand le collaborateur s'exprime, cela n'amène pas de réponse [2 ; 4 ; 5 ; 7 ; 9]. Il soliloque.

Cette identification permet d'éliminer les trois profils qui Cherchent à Entrer en Relation.

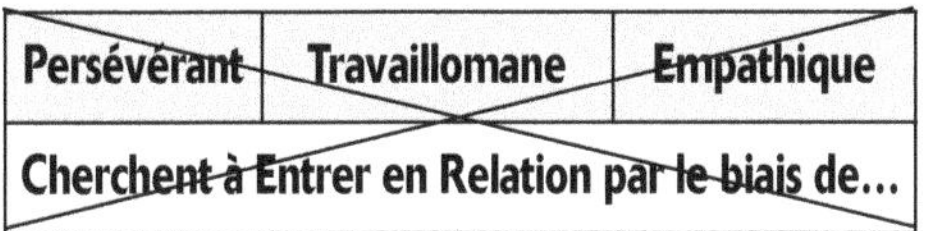

Persévérant	Travaillomane	Empathique
Cherchent à Entrer en Relation par le biais de...		

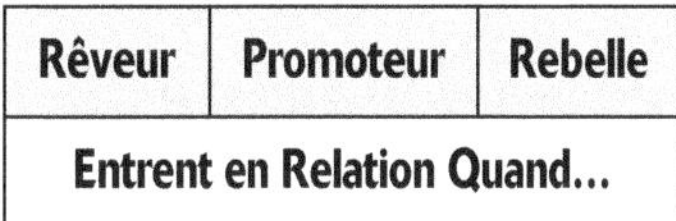

Rêveur	Promoteur	Rebelle
Entrent en Relation Quand...		

Position de vie

+/–. Blâmeur. Phrases [2 ; 5 ; 7].

Seuls deux profils sont en position de vie +/– : Promoteur et Rebelle.

Avec seulement deux questions, nous n'hésitons plus qu'entre deux profils : Promoteur et Rebelle.

Driver

Chacun pour soi : [4].

Persévérant	Travaillomane	Empathique
Cherche à Entrer en Relation par le biais de...		

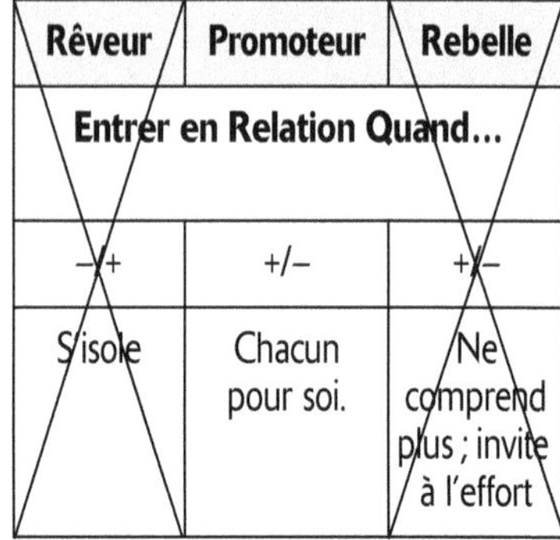

Rêveur	Promoteur	Rebelle
Entrer en Relation Quand...		
–/+	+/–	+/–
S'isole	Chacun pour soi.	Ne comprend plus ; invite à l'effort

Avec seulement trois questions, nous identifions le profil Promoteur. Les autres critères d'identification de ce verbatim vont servir à valider ce profil.

Deuxième degré de stress

Manipulation : [2 ; 5].

[9] : l'urgence artificielle est une forme de manipulation.

Canal de communication

Directif : [2 – « demande »] ; [7 – « faites en sorte »].

Style de management

Autocratique : [8 – « il faut qu'on »].

Perception du monde

[7] : actions, « faites en sorte ».

Scénario de vie

Toujours : [10].

Conclusion

Le collaborateur est dans un profil Promoteur.

L'exercice ci-après va nous apprendre à rétablir la communication.

Rétablir la communication avec un profil Promoteur

Exercez-vous à bâtir des réponses en format Process Com. Cet entraînement vous servira quand le collaborateur sera de nouveau en stress. Il formulera des structures de phrases similaires. Vous disposerez alors de structures de phrases pour répondre en mode réflexe. La probabilité, c'est que le relationnel se rétablisse dès la première interaction.

Exercice

Comment aurait-il fallu répondre au collaborateur de profil Promoteur pour rétablir la communication ? Bâtissez une réponse aux phrases en gras – celles du collaborateur – avec les trois éléments de l'interaction Process Com : le canal de communication, la perception du monde et le besoin psychologique.

Ci-dessous, nous traitons la première réponse avec son corrigé pour faciliter l'apprentissage. Une fois l'exercice réalisé, validez vos réponses à l'aide du corrigé en fin d'exercice.

2. **Je ne suis pas à ta disposition. Je ne suis pas au siège. Demande au patron régional, tu verras !**

   ⇒ (Process Com) *Dis, Georges, si tu m'aides sur ce coup-là, je te revaudrai cela…*

➢ Perception du monde : action – OUI

➢ Canal de communication : directif, « dis » – OUI

➢ Besoin psychologique : excitation ou challenge, « si tu » = excitation – OUI

4. **C'est pas dans mon périmètre. C'est à quelqu'un d'autre de s'en occuper.**

   ⇒ (Process Com)……………………………………………

➢ Canal de communication : directif

➢ Perception du monde : action

➢ Besoin psychologique : excitation ou challenge

5. **Moi, je ne bosse pas sur ce dossier, c'est trop petit, ça ne sert à rien.**

   ⇒ (Process Com)……………………………………………

- ➢ Canal de communication : directif
- ➢ Perception du monde : action
- ➢ Besoin psychologique : excitation

7. **La présentation telle quelle est assez fouillis : faites en sorte que ça ne dégrade pas mon image.**

   ⇒ (Process Com) ....

- ➢ Canal de communication : directif
- ➢ Perception du monde : action
- ➢ Besoin psychologique : excitation

9. **Il faut qu'on se dépêche, on n'a pas le temps (toutes ses demandes se font dans l'urgence).**

   ⇒ (Process Com) ....

- ➢ Canal de communication : directif
- ➢ Perception du monde : action
- ➢ Besoin psychologique : excitation

10. **Travailler au siège, ce serait intéressant. Mais si je vais à Paris, je perdrai l'autonomie qu'on a en province.**

    Processus scénario de vie :

    ⇒ (Process Com) ....

- ➢ Besoin psychologique :
- ➢ Réponse à la question existentielle (« Suis-je vivant ? ») :
- ➢ L'inviter à revisiter son choix au regard de son besoin psychologique :

Corrigé

2. **Je ne suis pas à ta disposition. Je ne suis pas au siège. Demande au patron régional, tu verras !**

   ⇒ *Si tu agis sur ce dossier, Georges, tu auras ton variable, prends deux jours par semaine sur Lyon* (réponse alternative à l'exemple plus haut).

- ➢ Canal de communication : directif, « prends » – OUI
- ➢ Perception du monde : action – OUI
- ➢ Besoin psychologique : excitation, challenge – OUI

4. **C'est pas dans mon périmètre. C'est à quelqu'un d'autre de s'en occuper.**

   ⇒ (Process Com) *Non, Georges, prends ce périmètre en charge et j'informerai ton boss pour qu'il en tienne compte dans ton évaluation annuelle.*

➢ Canal de communication : directif, « prends » – OUI

➢ Perception du monde : action – OUI

➢ Besoin psychologique : – OUI

5. **Moi, je ne bosse pas sur ce dossier, c'est trop petit, ça ne sert à rien.**

   ⇒ *Au contraire, Georges, ce n'est pas évident de gagner un coup pareil, propose-moi une de ces actions dont tu as le secret !*

➢ Canal de communication : directif, « prends » – OUI

➢ Perception du monde : action – OUI

➢ Besoin psychologique : excitation, challenge – OUI

7. **La présentation telle quelle est assez fouillis : faites en sorte que ça ne dégrade pas mon image.**

   ⇒ *Non, Georges, si tu mets la diapo n° 8 en première position, tout s'éclaire. Ça devient « classe » !*

➢ Canal de communication : directif, « mets » – OUI

➢ Perception du monde : action – OUI

➢ Besoin psychologique : excitation, challenge – OUI

9. **Il faut qu'on se dépêche, on n'a pas le temps (toutes ses demandes se font dans l'urgence).**

   ⇒ *Dis, Georges, donne-moi un minimum de temps si tu veux le résultat que tu attends.*

➢ Canal communication : directif, « dis » – OUI

➢ Perception du monde : action – OUI

➢ Besoin psychologique : excitation, challenge – OUI

10. **Travailler au siège, ce serait intéressant. Mais si je vais à Paris, je perdrai l'autonomie qu'on a en province.**

    Scénario de vie « toujours ».

    ⇒ *Dis, où vas-tu trouver le plus d'excitation, de sensation ? À distance ou au siège ? Prends aussi en compte cette donnée !*

- Besoin psychologique : OUI
- Répondre à la question existentielle : sensation de vivre – OUI
- L'amener à intégrer la satisfaction psychologique dans son choix : OUI

CHAPITRE 15

Dynamique du profil Rebelle

Le graphique ci-dessous est un repère pour faciliter tant l'identification du profil Rebelle que pour bâtir des interactions Process Com.

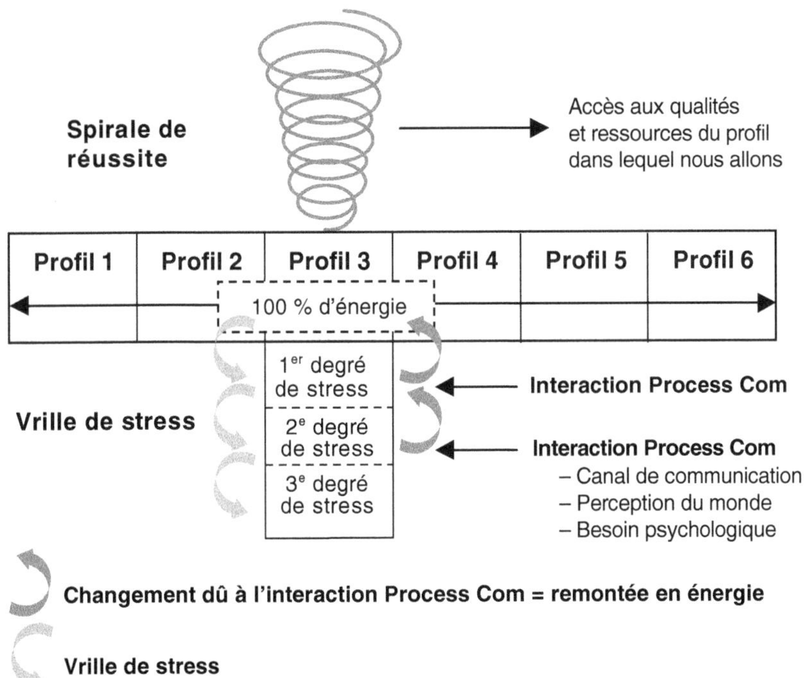

RAPPEL

Entrée en relation : Entre en Relation essentiellement Quand (ERQ) il vise la réaction de l'autre, en provoquant pour s'amuser.
Question existentielle : « Suis-je accepté tel que je suis ? »
Scénario de vie : « toujours ».
Style de management préféré : laisser-faire.
En ayant les éléments ci-dessus sous les yeux, exercez-vous à identifier le profil du collaborateur dont les phrases, ci-dessous, sont en gras.

Verbatim du profil

Le verbatim ci-dessous est constitué de plusieurs échanges qui ne sont pas nécessairement dans un ordre chronologique. Les paroles du collaborateur dont on cherche le profil sont en gras. Le reste du verbatim est composé des paroles du manager ou de ses commentaires.

Tâchez de qualifier le profil du collaborateur en identifiant l'entrée en relation, la position de vie, le canal, la perception du monde, le style de management éventuel, le driver (premier degré de stress) ou le masque (deuxième degré de stress).

1. (manager) Ce collaborateur est à demeure chez le client. Il a toujours l'impression qu'on ne lui apporte pas le support suffisant.
2. **Il faudrait que tu puisses à l'occasion te pointer, etc.**
3. **Les managers ne sont jamais là quand on voudrait.**

   La pression du client, c'est tout pour moi !
4. **Y'a telle réunion, heu... J'aurais aimé qu'un de vous deux soit là, personne ! Là, c'était pas drôle... Heu... le client s'est énervé.**

Une autre fois :

5. **Beuh ! ça, c'est n'importe quoi.**
6. **Alors là ! je n'aime pas cette idée du tout !**

Une autre fois :

7. **J'aurais bien voulu t'y voir. Si le client avait tenu ses engagements, j'aurais tenu les miens.**

Une autre fois :

8. **Je ne comprends pas... Quand je vois tout le travail que je fais...**

Style de management qu'il supporte le mieux : laisser-faire.

Identification du profil

Entrée en relation

Voyez, ce n'est pas un vrai dialogue ! Il soliloque presque ! Il Entre en Relation Quand il veut obtenir la relation de l'autre, en recherche de contacts...

Cette identification permet d'éliminer les trois profils qui Cherchent à Entrer en Relation.

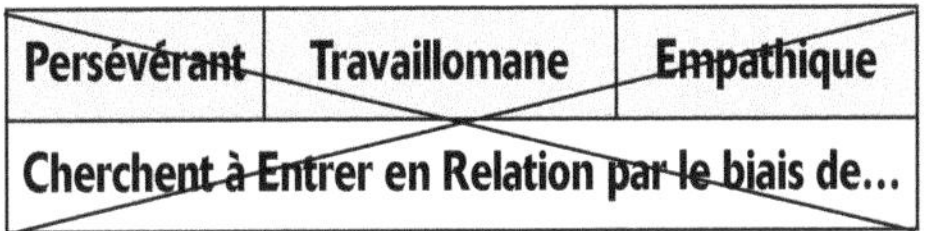

Persévérant	Travaillomane	Empathique
Cherchent à Entrer en Relation par le biais de...		

Rêveur	Promoteur	Rebelle
Entrent en Relation Quand...		

Position de vie

+/– = blâme. Phrases [3 ; 5 ; 7].

Seuls deux profils présentent le masque de blâmeur : Promoteur et Rebelle.

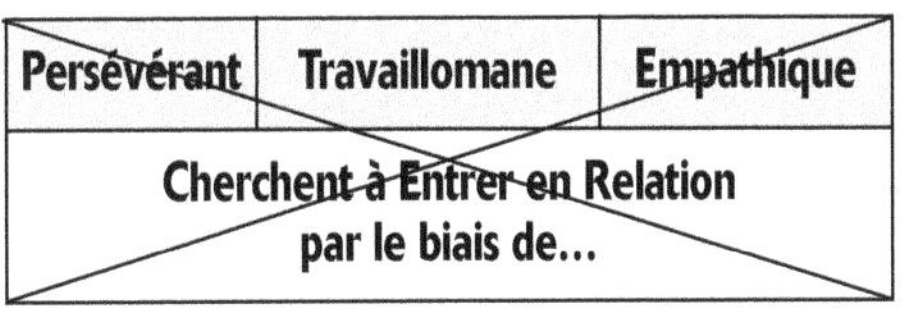

Persévérant	Travaillomane	Empathique
Cherchent à Entrer en Relation par le biais de...		

Rêveur	Promoteur	Rebelle
Entrent en Relation Quand...		
–/+	+/–	+/–

Avec seulement deux questions, nous n'hésitons qu'entre deux profils : Promoteur et Rebelle.

Effectivement, parmi les trois profils qui Entrent en Relation Quand, deux sont en stress de deuxième degré en position de vie +/–.

Driver

Invite à l'effort : [2 ; 4].

Persévérant	Travaillomane	Empathique
Cherchent à Entrer en Relation par le biais de...		

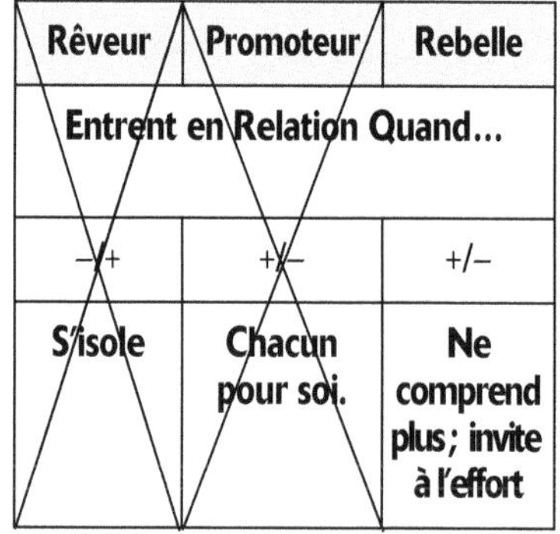

Rêveur	Promoteur	Rebelle
Entrent en Relation Quand...		
–/+	+/–	+/–
S'isole	Chacun pour soi.	Ne comprend plus; invite à l'effort

Avec trois questions, nous identifions le profil Rebelle.

Les autres critères d'identification dans ce verbatim vont servir à valider ce profil.

Second degré de stress

Rejet de responsabilité [5 ; 7]

Canal de communication ou style de management

Canal émotif : [5 – « euh » ; 6 – « ben »].

Style laisser-faire : [2 ; 9].

Perception du monde

[6] : réaction en émotion spontanée

[4] : ludique et provoque [6]

Conclusion

Le collaborateur est dans un profil Rebelle.

L'exercice ci-après va nous apprendre à rétablir la communication.

Rétablir la communication avec un profil Rebelle

Exercez-vous à bâtir des réponses en format Process Com. Cet entraînement vous servira quand le collaborateur sera de nouveau en stress. Il formulera des structures de phrases similaires. Vous disposerez alors de structures de phrases pour répondre en mode réflexe. La probabilité, c'est que le relationnel se rétablisse dès la première interaction.

Exercice

Comment aurait-il fallu répondre au collaborateur en profil Rebelle pour rétablir la communication ? Bâtissez une réponse aux phrases en gras – celles du collaborateur – avec les trois éléments de l'interaction Process Com : le canal de communication, la perception du monde et le besoin psychologique.

Ci-dessous, nous traitons la première réponse avec son corrigé pour faciliter l'apprentissage. Une fois l'exercice réalisé, validez vos réponses à l'aide du corrigé proposé en fin d'exercice.

2. **Il faudrait que tu puisses à l'occasion te pointer, etc.**
3. **Les managers ne sont jamais là quand on voudrait.**
   La pression du client, c'est tout pour moi !
   ⇒ *Eh ! tu m'appelles quand tu veux, je te dirai si je te laisse tomber (en riant).*

➢ Canal de communication : émotif – OUI

➢ Perception du monde : réaction ludique – OUI

➢ Besoin psychologique : contact – OUI

5. **Beuh ! ça, c'est n'importe quoi.**
   ⇒ (repartie Process Com) ....

➢ Canal de communication : émotif

➢ Perception du monde : réaction ludique

➢ Besoin psychologique : contact

6. **Alors là ! je n'aime pas cette idée du tout !**
   ⇒ (repartie Process Com) ....

- ➢ Canal de communication : émotif
- ➢ Perception du monde : réaction ludique
- ➢ Besoin psychologique : contact

7. **J'aurais bien voulu t'y voir. Si le client avait tenu ses engagements, j'aurais tenu les miens.**
   ⇒ (repartie Process Com) ....

- ➢ Canal de communication : émotif
- ➢ Perception du monde : réaction ludique
- ➢ Besoin psychologique : contact

8. **Je ne comprends pas... Quand je vois tout le travail que je fais...**
   ⇒ (repartie Process Com) ....

- ➢ Canal de communication : émotif
- ➢ Perception du monde : réaction ludique
- ➢ Besoin psychologique : contact

Corrigé

2. **Il faudrait que tu puisses à l'occasion te pointer, etc.**

⇒ *Heu ! T'aimes les surprises, quoi ? (en riant)*

- ➢ Canal de communication émotif – OUI (heu !)
- ➢ Perception du monde : réaction ludique – OUI
- ➢ Besoin psychologique : contact – OUI (le côté familier)

3. **Les managers ne sont jamais là quand on voudrait. La pression du client, c'est tout pour moi !**

⇒ *Hé ! Tu ne vas pas me dire que tu veux garder l'exclusivité de la pression du client ! hein ?*

- ➢ Canal de communication : émotif – OUI (hé ! ; hein ?)
- ➢ Perception du monde : réaction ludique – OUI
- ➢ Besoin psychologique : contact – OUI (familier)

4. **Y'a telle réunion, heu... J'aurais aimé qu'un de vous deux soit là, personne ! Là, c'était pas drôle... Heu... le client s'est énervé.**
   ⇒ *Eh ! C'était une occase pour toi de montrer ce que tu sais faire. Ce que tu as prouvé, non ?*

- ➢ Canal de communication : émotif – OUI
- ➢ Perception du monde : réaction ludique – OUI
- ➢ Besoin psychologique : contact – OUI

5. **Beuh ! ça, c'est n'importe quoi.**

   ⇒ *Ben oui, y a un peu de ça… Heu… joker ?*

- ➢ Canal de communication : émotif – OUI
- ➢ Perception du monde : réaction ludique – OUI
- ➢ Besoin psychologique : contact – OUI

6. **Alors là ! je n'aime pas cette idée du tout !**

   ⇒ *Ah, enfin, je comptais sur toi pour mettre du piment dans cette réunion (sur un ton complice, sourire espiègle).*

- ➢ Canal de communication : émotif – OUI
- ➢ Perception du monde : réaction ludique – OUI
- ➢ Besoin psychologique : contact – OUI

7. **J'aurais bien voulu t'y voir. Si le client avait tenu ses engagements, j'aurais tenu les miens.**

   ⇒ *Eh ! Tu nous avais caché que c'était plus fort que « mission impossible », hein ?*

- ➢ Canal de communication : émotif, « eh » – OUI
- ➢ Perception du monde : réaction ludique – OUI
- ➢ Besoin psychologique : contact – OUI

8. **Je ne comprends pas… Quand je vois tout le travail que je fais…**

   ⇒ *M'en parle pas, c'est à tomber à la renverse… Eh ! mais j'apprécie, sûr.*

- ➢ Canal de communication : émotif – OUI
- ➢ Perception du monde : réaction ludique – OUI
- ➢ Besoin psychologique : contact – OUI

CHAPITRE 16

Questions/réponses

Quelles sont les limites de Process Com ?

Se poser la question des limites d'un modèle est une question légitime. Voyons les cas où le modèle Process Com ne marche pas.

Process Com ne marche pas quand notre interlocuteur est un cas pathologique.

En 1999, durant un face-à-face Process Com, la personne évoque un cas difficile. Il s'agissait de harcèlement moral. Heureusement, je sortais de la lecture du livre de Marie-France Hirigoyen *(Le harcèlement moral)*. Le modèle Process Com et ma lecture du livre d'Isabelle Nazare-Aga (*Les manipulateurs sont parmi nous*) m'ont permis d'avoir une trousse d'urgence. Process Com peut faire office de trousse d'urgence – ce qui est déjà appréciable –, mais ne peut traiter sur la durée les cas pathologiques.

Mon client a mis en place les recommandations préconisées, dont l'une était de voir un psy formé au harcèlement.

Il arrive que la mauvaise relation ait été trop loin ou que nous nous sentions si mal que l'on n'ait plus envie de cette relation. Le vrai problème, c'est d'avoir envie de pratiquer ou pas Process Com. Cependant, si un bout d'envie nous revient, dans beaucoup de cas... ça marche !

J'avais dû rompre une relation familiale, car, chaque fois que nous nous voyions, cela tournait mal. À chaque phrase de mon interlocuteur, soit je me sentais diminué, soit je le trouvais ridicule. La décision de cette rupture m'avait été particulièrement pénible, car à cette époque j'étais dans mon profil Empathique.

Cependant l'envie de la relation peut revenir. En effet, la lecture des agissements de l'autre à travers la grille du modèle Process Com peut éclairer une relation sous un jour nouveau. Si j'avais connu Process Com à l'époque, j'aurais pu tenter quelque chose sans être paralysé par le côté hâbleur de mon interlocuteur.

Le Process Com Model ne marche pas quand nous sommes nous-mêmes sous stress. Sans que nous nous en rendions compte, notre emploi du modèle en est altéré. Nous introduisons des positions de vie autres que +/+. Or, la relation +/+ est l'un des fondements de Process Com.

Je décide d'avancer de 15 jours un paiement à un ami. Je précise à cet ami que je le fais avant les vacances, parce que c'est plus sympa pour lui. Je l'entends me répondre : « Il était temps ! Je ne m'en sortais plus avec mon banquier. » Je me suis senti mal. Je m'attendais à lui faire plaisir. Finalement, je me prenais un blâme.

Après ces trois cas, il est un dernier cas où Process Com marchera nettement moins bien : c'est si l'on colle des étiquettes sur les gens qui nous entourent. Celui-ci est Persévérant, celle-là Empathique... Process Com perd toute sa dynamique et donc sa puissance.

Et si je me trompe, que se passe-t-il ?

Que se passe-t-il si nous nous trompons dans l'identification du profil de notre interlocuteur ? Prenons trois cas.

1. Nous ne sommes pas experts du jour au lendemain. Prenons le cas où nous ratons les trois éléments de l'interaction Process Com : le besoin psychologique, le canal de communication et la perception du monde ? La conséquence sera quasiment nulle. L'interaction est simplement sans effet.

Le plus souvent, nous allons rater l'un des trois éléments. Si nous réussissons le besoin psychologique : Process Com marchera !

2. Si nous faisons un mauvais diagnostic, notre interlocuteur sera imperméable à notre interaction. Il ne l'entendra pas ou, tout au plus, il trouvera cela curieux.

3. Le processus est tellement éloigné de notre naturel que nous avons l'impression de réciter tel un mauvais acteur. La plupart du temps, il ne s'agit que d'une impression. C'est intéressant de se donner cette autorisation. En fait, cela sonne bien pour notre interlocuteur et ça marche ! Process Com ouvre ce genre d'horizon !

Le Process Com Model a-t-il des effets pervers ?

Le manager n'a pas attendu Process Com pour faire appel à son expérience, son intelligence, son intuition et réussir dans la communication. L'apport de ce modèle ne doit pas le couper de ses ressources personnelles. Le bon sens a toujours sa place.

Process Com est un outil et, comme tout outil, s'il est utilisé dans le dessein de nuire, il peut nuire. Mais sans intention de nuire, nous ne connaissons pas d'effets pervers au modèle Process Com. Il faut juste qu'il soit un outil et non un maître. Il faut rester vigilant et continuer à faire appel à sa propre intelligence, à son expérience, à son savoir-faire et à son intuition.

Y a-t-il un profil meilleur que d'autres ?

Non seulement il n'y a pas un profil meilleur qu'un autre, mais il n'y a pas un immeuble Process Com meilleur qu'un autre. En posant un regard critique sur cet outil, on se rend compte qu'il ne porte pas de jugement sur quelque profil que ce soit. Chez le formateur cela demande un art certain pour respecter cette extraordinaire caractéristique de Process Com.

Si je pratique Process Com, l'autre se rendra-t-il compte d'un changement ?

Comment oser se lancer dans la pratique de Process Com sans être au clair avec cette question ? Après tout, nous ne sommes pas des comédiens…

C'était à Lyon, je formais une équipe. Dans la partie qui concernait le profil Rebelle, le groupe avait identifié une caricature de chez caricature dans leur société. Le lendemain, tout frais moulu de la formation Process Com, chacun y est allé de son bonjour Rebelle 42bis : « Hé ! Salut, Paulo » ; « Alors, c'est la pêche aujourd'hui ? » ; « Dis, on va se faire une journée d'enfer »... Toute l'équipe riait de me raconter cela à l'atelier suivant. « Tu sais ce qu'il a dit au quatrième bonjour spécial Rebelle ? » – « Non », dis-je. « Ben qu'est-ce qui vous arrive ? Vous avez l'air tous en forme aujourd'hui ! »

Le seul risque que nous prenons en pratiquant le modèle Process Com, c'est que notre interlocuteur se sente mieux et soit moins stressé et apprécie davantage notre compagnie. Alors, oui, notre interlocuteur peut se rendre compte d'un changement : il se sentira mieux dans la relation avec nous.

Au plus vif de nos discussions, quand ma femme me sort : « Et puis, arrête de faire du Process Com avec moi », ce n'est jamais le cas ! Par contre, quand j'en fais, ça marche à tous les coups, pour le meilleur de notre relation !

Process Com marche-t-il entre deux interlocuteurs formés au modèle ?

Bon nombre d'entreprises ont fait le choix de Process Com comme l'une des formations de base du manager. En cela, ces entreprises entament la même démarche que la Nasa avec Taibi Kahler dans les années 1970. Comment faire pour qu'une population la plus diversifiée possible (richesse de l'entreprise) ait la plus grande valeur ajoutée possible ? Une des premières réponses est probablement : améliorer la communication entre les individus.

Quand Process Com fait partie de la culture de l'entreprise, cela contribue à entretenir un bon niveau de pratique de Process Com. Un autre avantage appréciable est la capacité d'échanger avec son interlocuteur sur ce qui se joue dans la relation avec un langage commun : le modèle Process Com. Cette distanciation allège les relations.

> Dans une entreprise où Process Com fait partie de la culture, nous accueillons un jour, un nouveau RH. Celui-ci m'a fait le retour suivant : « J'ai fait plusieurs entreprises avant celle-ci en qualité de RH. Je remarque qu'ici, il y a beaucoup moins de non-dit. J'en attribue le mérite à la culture Process Com. »

Comment être naturel dans un profil situé en haut de notre immeuble Process Com ?

Il y a moyen de s'entraîner à cela. Choisissez quelqu'un que vous estimez et qui présente, de toute évidence, le profil qui est tout en haut de votre immeuble. C'est avec cette personne que vous allez vous exercer à pratiquer Process Com...

J'avais remarqué que le profil Rebelle avait toujours le dernier mot. Je trouvais cela assez énervant... moi qui ai ce profil à mon cinquième étage. Toujours avide de découvertes, je décidai d'expérimenter Process Com à ma manière. J'allais ni plus ni moins tenter d'avoir le dernier mot avec mon voleur de fille (mon gendre). Le jour où je me suis lancé, il n'a fallu que trois interactions pour qu'il se plante devant moi de toute sa hauteur, me pointant du doigt : « Heu ! clic clac Kodak, Christian ? » Vous imaginez la créativité ? Inouïe ! Notre plaisir était jouissif.

En nous exerçant de cette manière, nous développons nos profils qui se perchent en haut de notre immeuble Process Com, ce qui se traduit par notre capacité à y rester un peu plus longtemps sans perdre d'énergie.

En quoi Process Com tient-il compte de la communication non verbale ?

Taibi Kahler donne des indications de plusieurs natures, sur l'aspect morphologique, l'habillement, l'environnement, les couleurs, la décoration et aussi les comportements en société. Nous avons fait le choix de ne pas évoquer ces aspects dans ce livre pour deux raisons. La première tient au fait que nous nous adressons au manager et la vie d'aujourd'hui nous amène à travailler de plus en plus à distance. Le téléphone, les e-mails nous privent de ces informations Process Com. La deuxième raison tient à l'aspect dynamique de ce modèle. S'attacher à des aspects physiques amène à confiner les personnes dans un seul profil. Or, selon les circonstances et les interlocuteurs, l'homme sera dans un profil ou dans un autre. Si le manager le catalogue d'une manière définitive, il s'éloigne de la complexité humaine. Il perd une bonne partie de l'intérêt de Process Com. Il se privera surtout d'une grande partie de la richesse de son interlocuteur. Sa pratique sera moins efficace.

Et puis, et puis… le comédien à qui l'on donne un texte a besoin de peu d'indications pour le lire correctement. La structure du texte et son contexte suggèrent souvent une grande partie du non-verbal.

Lors d'un exercice en atelier Process Com, nous demandons au participant de dire « non » en position de vie +/– d'une manière presque agressive. Ensuite, nous lui demandons de dire « non » en ajoutant le nom de son interlocuteur, par exemple « non, monsieur Leblanc ». La tonalité change du tout au tout.

Process Com prend-il en compte la complexité des sciences humaines ?

La communication est un sujet qui relève des sciences humaines et sociales. Il n'est pas besoin d'une réflexion approfondie pour qualifier ce domaine d'éminemment complexe. De ce fait, la question qui se pose est : comment est-il possible de mettre en équation un domaine aussi complexe que la communication ?

Ce sont les différentes dynamiques du modèle qui répondent le mieux à cette question. Chaque personne dispose de six profils dans lesquels elle se déplace (involontairement). Il s'agit de la première dynamique. Chaque personne a une base qui donnera la tonalité de sa personnalité toute sa vie. Au fil des événements forts de sa vie, la personne changera de phase involontairement. Voilà une deuxième dynamique. Enfin, chaque profil fonctionne avec une spirale de réussite et une vrille d'échec ; il s'agit là encore d'une dynamique.

La mobilité de ces différentes dynamiques permet au modèle Process Com de prendre en compte une bonne part de la complexité liée à la communication.

Les profils sont-ils similaires en fonction des métiers ?

Il m'a été donné d'être interviewé par un journaliste qui faisait un article sur les « clones en entreprise ». Le journaliste avait appris que j'intervenais depuis des années pour un grand cabinet d'auditeurs. Plus d'une centaine d'inventaires Process Com d'associés de ce « big four » ont été faits. La diversité se retrouve dans les mêmes proportions tant au niveau national qu'au niveau international.

Le journaliste s'attendait à ce que je dise que la proportion de profils Persévérant et Travaillomane représentait la quasi-totalité des experts-comptables et commissaires aux comptes de cette firme. Comme ma réponse ne correspondait pas au parti pris du thème de l'article, l'article est paru sans qu'il soit fait mention de l'interview !

En revanche, certains profils vont s'épanouir dans des métiers typés. Prenons comme exemple la mode. Les personnes qui ont beaucoup d'énergie dans leur profil Rebelle s'épanouiront. Cela ne détermine en rien que leur profil Rebelle soit en base ou en phase. Laissons Process Com à ce qu'il est : un outil pour la communication, c'est déjà énooorme !

Notre métier de coach nous amène à côtoyer des dirigeants, quelques capitaines d'industrie… Tous les profils de PDG existent : profil Rebelle, profil Rêveur, profil Promoteur, profil Empathique, profil Travaillomane, profil Persévérant. Chacun fait avec ses ressources, ses talents, ses points forts et aussi ses mécanismes d'échec, etc. Il n'y a pas plus de raisons d'évincer un PDG de ses responsabilités qu'un candidat à un autre rôle dans l'entreprise.

Process Com peut servir en développement personnel ?

La réponse est sans ambiguïté : oui Process Com participe au développement personnel, à la connaissance de soi. Cependant, l'option pédagogique choisie par MANAGIS c'est de pratiquer Process Com avec l'autre. C'est à travers la relation avec l'autre que le développement personnel s'opère. La compréhension de l'autre autorise à nous comprendre avec plus de protection qu'un travail direct.

Une relation nouvelle avec l'autre est une opportunité de se frotter avec « qui nous sommes » à la découverte de nous-mêmes. C'est aussi en cela que Process Com contribue à notre développement personnel.

Dans nos formations de deux fois deux jours dont un jour d'entraînement, la pédagogie est axée uniquement sur l'autre, à l'image de ce livre.

Ce choix a d'abord été fait car nous n'intervenons que pour les entreprises et que l'entreprise doit servir son intérêt : que les collaborateurs fonctionnent mieux, collaborent mieux ensemble. Ce bénéfice est partagé par le collaborateur qui travaillera dans un environnement plus confortable.

Conclusion

En une dizaine d'années, mes associés et moi avons formé plusieurs milliers de managers, en France, en Allemagne et aux États-Unis. Nombreux sont les témoignages disant que le rétablissement de la communication élève aussi le niveau relationnel et que ce niveau relationnel rend plus légère la pression que le manager doit porter.

À notre époque, la tension est de plus en plus palpable. Les termes « déprime » ou « surmenage » ne suffisent plus, le « burn-out » a fait son apparition. Certains cas extrêmes de désespoir ont même amené des managers au suicide. Cette deuxième édition est enrichie, entre autres, du chapitre « manager le stress ».

À notre époque, ce sont les équipes qui gagnent et non les actions individuelles. Jouer collectif induit une cohésion, une compréhension de l'autre, des autres. En disposant d'un langage commun avec Process Com, l'équipe réduit les non-dits. En disposant de Process Com, l'équipe fait un premier pas pour devenir une « dream team », c'est-à-dire une équipe à laquelle aucun challenge ne résiste.

Le but de ce livre est qu'à l'issue de sa lecture le manager ait les éléments pour répondre aux questions suivantes :

Est-ce que ce modèle semble pertinent ?

Est-ce que j'estime que Process Com me permettra de mieux fonctionner avec ma hiérarchie, de mieux fonctionner avec mes collègues et réseau, et aussi à manager davantage de profils différents ?

Est-ce qu'au final, Process Com m'aidera à réussir chaque année, plus facilement ?

Est-ce que la pratique de ce modèle va faciliter la réalisation de performances chaque année ?

Est-ce que je décide de me former à « Manager avec Process Com » ?

Nous formulons le vœu que ce livre ait permis au manager de répondre à ces questions.

Éléments sous copyright de TKA et KCF

1. Les six types de personnalité : Travaillomane, Empathique, Persévérant, Rêveur, Rebelle, Promoteur. Taibi Kahler, Ph. D., *Manager en Personne*, Kahler Communication, Inc., Little Rock, Arkansas, 1988, 1992, 2000, 2004.

2. La structure de personnalité est constituée des six types de personnalité. L'immeuble de personnalité. Taibi Kahler, Ph. D. *Séminaire Process Communication Management*, Taibi Kahler Associates, Inc., Little Rock, Arkansas, October 1982, 1996.

3. Chaque type de personnalité présente trois points forts : Travaillomane (responsable, logique, organisé) ; Empathique (compatissant, sensible, chaleureux) ; Persévérant (observateur, dévoué, consciencieux) ; Rêveur (imaginatif, introspectif, calme) ; Rebelle (spontané, créatif, ludique) ; Promoteur (adaptable, charmeur, plein de ressources). Taibi Kahler, Ph. D., *Manager en Personne*, Kahler Communication, Inc., Little Roch, Arkansas, 1988, 1992, 2000, 2004.

4. Ces six types de personnalité sont en chacun de nous avec un séquencement différent des points forts dès l'âge de 7 ans lequel habituellement ne change plus. Stansbury, Pat, *Report of Adherence*, selon les observations faites sur le même sujet à l'aide de l'Inventaire de Personnalité passé deux fois. Kahler Communications, Inc., Little Rock, Arkansas, 1990.

5. Chaque type de personnalité a un style de management et de relations qui lui est propre : Travaillomane et Persévérant utilisent le style démocratique, Empathique le style bienveillant, Rebelle utilise le style laisser-faire ; Promoteur utilise et Rêveur accepte le style autocratique. Taibi Kahler, Ph. D., *Manager en Personne*, Kahler Communication, Inc., Little Rock, Arkansas, 1988, 1992, 2000, 2004.

6. Les parties de personnalité identifiées sont : protecteur, senseur, réconforteur, directeur, ordinateur, réconforteur ; et émoteur. Taibi Kahler, Ph. D. *Séminaire Process Communication Management*, Taibi Kahler Associates, Inc., Little Rock, Arkansas, October 1982, 1996.

7. Chaque type de personnalité a une partie de personnalité correspondante : Travaillomane, Persévérant et Rêveur utilisent l'ordinateur ; Empathique utilise le réconforteur ; Rebelle utilise l'émoteur ; Promoteur utilise le directeur. Taibi Kahler, Ph. D., *Séminaire Process Communication Management*, Taibi Kahler Associates, Inc., Little Rock, Arkansas, October 1982, 1996.

8. Cinq canaux sont identifiés : le canal interruptif (1) fait une offre depuis le protecteur qui est acceptée depuis le senseur ; le canal directif (2) fait une offre depuis le directeur qui est acceptée depuis l'ordinateur ; le canal interrogatif (3) fait une offre depuis l'ordinateur qui est acceptée depuis l'ordinateur ; le canal nourricier (4) fait une offre depuis le réconforteur qui est acceptée depuis l'émoteur ; le canal émotif (5) fait une offre depuis l'émoteur qui est acceptée depuis l'émoteur. Taibi Kahler, Ph. D., *Séminaire Process Communication Management*, Taibi Kahler Associates, Inc., Little Rock, Arkansas, October 1982, 1996.

9. Les types Persévérant et Travaillomane utilisent le canal interrogatif (3) ensemble. Promoteur émet sur le canal directif (2) vers le Rêveur ; Rebelle utilise le canal émotif (5) ensemble : Empathique utilise le canal nourricier ensemble et vers le Rebelle. Taibi Kahler, Ph.D., *Séminaire Process Communication Management*, Taibi Kahler Associates Inc., Little Rock, Arkansas, October 1982, 1996.

10. Les perceptions suivantes correspondent aux types de personnalité indiqués :

- Travaillomane : pensées ;
- Persévérant : opinions ;
- Empathique : émotions ;

- Rêveur : inactions ;
- Rebelle : réactions (« J'aime », « J'aime pas ») ;
- Promoteur : actions.

Taibi Kahler, Ph. D., *Manager en personne*, Kahler Communication, Inc., Little Rock, Arkansas, 1988, 1992, 2000, 2004.

11. Chaque type de personnalité a un environnement préférentiel, selon la matrice suivante : la ligne verticale est l'axe des buts, la ligne horizontale est l'axe des relations. Le point supérieur est appelé motivation interne, le point inférieur est appelé motivation externe. Le point de gauche est appelé engagé, le point de droite est appelé en retrait.

Ceci forme les quatre quadrants. Le quadrant haut gauche abrite le type empathique qui préfère les groupes, le quadrant haut droite abrite les types Persévérant et Travaillomane qui préfèrent la relation un à un. Le quadrant bas droite abrite le type Rêveur qui préfère être seul et le quadrant bas gauche abrite les types Rebelle et Promoteur qui préfèrent aller de groupe en groupe ou rester en bordure de groupes variés.

Taibi Kahler, Ph. D. *Séminaire Process Communication Management*, Taibi Kahler Associates, Inc., Little Rock, Arkansas, October 1982, 1996.

12. Chaque type de personnalité a reçu un thème récurrent (alias « la question existentielle ») :

- Travaillomane : « Suis-je compétent ? »
- Persévérant : « Suis-je digne de confiance ? »
- Promoteur : « Suis-je vivant ? »
- Rêveur : « Suis-je voulu ? »
- Rebelle : « Suis-je acceptable ? »
- Empathique : « Suis-je aimable ? »

Spencer/Shenk/Capers and Taibi Kahler Associates. *Séminaire Process Communication*, Gardena, California, 1989 ; Taibi Kahler, Ph. D., Building Quality Teams, Kahler Communications, Inc., Little Rock, Arkansas. 1990, 1996.

13. Phases des types de personnalité et besoins psychologiques :

- Travaillomane [phase] : besoin de reconnaissance du travail et de structuration du temps ;

- Persévérant [phase] : besoin de reconnaissance du travail et des convictions ;
- Empathique [phase] : besoin de reconnaissance en tant que personne, satisfactions sensorielles ;
- Rebelle [phase] : besoin de contacts ;
- Rêveur [phase] : besoin de solitude ;
- Promoteur [phase] : besoin d'excitation.

Taibi Kahler, Ph. D., *Manager en Personne*, Kahler Communication, Inc., Little Rock, Arkansas, 1988, 1992, 2000, 2004.

14. Trois degrés de stress : Premier degré – porte d'entrée ; deuxième degré – la cave ; troisième degré – les oubliettes. Taibi Kahler, Ph. D. *Séminaire Process Communication Management*, Taibi Kahler Associates, Inc., Little Rock, Arkansas, October 1982, 1996.

15. Les *drivers* sont « la manifestation comportementale de scénarios négatifs structurels ». Taibi Kahler a découvert les cinq drivers de base : « Fais plaisir », « Fais des efforts », « Sois parfait », « Sois fort », et « Dépêche-toi », auxquels correspondent des mots, tons de voix, gestes, postures et expressions faciales. Taibi Kahler, Ph. D., avec Hedges Capers, Div. M, LHD. « Le mini-scénario », *Transactional Analysis Journal*, 4:1, p. 26-42, January 1974.

16. Chaque type de personnalité a un *driver* primaire : Travaillomane – sois parfait (je dois être parfait pour les autres) ; Persévérant – sois parfait (pour moi) ; Empathique – fais plaisir ; Rebelle – fais des efforts (je dois faire des efforts pour les autres) ; Rêveur – sois fort (je dois être fort pour les autres) ; Promoteur – sois fort (pour moi). Taibi Kahler, Ph. D. *Séminaire Process Communication Management*, Taibi Kahler Associates, Inc., Little Rock, Arkansas, October 1982, 1996.

17. Un premier degré de comportements de « dysmanagement » est associé avec chaque *driver* de type de personnalité :

- Travaillomane – « Sois parfait » : le manager ne délègue pas bien ;
- Persévérant – « Sois parfait (pour moi) » : le manager se concentre sur ce qui ne va pas et qui n'est pas bien ;
- Empathique – « Fais plaisir » : le manager est trop attaché au bien-être des gens et a du mal à prendre des décisions ;

- Rebelle – « Fais des efforts (je dois faire des efforts pour les autres) » : le manager a du mal à savoir comment faire quoi et délègue mal ;
- Rêveur – « Sois fort (je dois être fort pour les autres) » : le manager attend que les choses se résolvent seules et ne prend pas de décisions ;
- Promoteur – « Sois fort (pour moi) » : le manager n'apporte pas de soutien (« débrouille-toi ! »)

Taibi Kahler, Ph.D., *Manager en Personne*, Kahler Communication, Inc., Little Rock, Arkansas, 1988, 1992, 2000, 2004.

18. Au deuxième degré de stress, chaque type de personnalité montre un mécanisme d'échec : le Travaillomane surcontrôle ; le Persévérant impose ses croyances ; l'Empathique fait des erreurs ; le Rebelle blâme ; le Rêveur attend passivement ; le Promoteur manipule. Taibi Kahler, Ph. D., *Manager en Personne*, Kahler Communication, Inc., Little Rock, Arkansas, 1988, 1992, 2000, 2004.

19. Au deuxième degré de stress, chaque type de personnalité montre un masque : le Travaillomane et le Persévérant montrent un masque d'attaquant ; l'Empathique et le Rêveur montrent un masque de victime ; le Rebelle et le Promoteur montrent un masque de blâmeur. Les masques sont tous identifiés avec des mots, tons de voix, gestes, postures, et expressions faciales.

Taibi Kahler, Ph.D. *Process Communication Management Seminar*, Taibi Kahler Associates, Inc., Little Rock, Arkansas, October 1982, 1996.

20. Au deuxième degré de stress, chaque type de personnalité montre des signaux d'avertissement :

- Travaillomane : frustré par ceux qui ne pensent pas logiquement, devient obsessionnel sur le timing, l'argent, l'ordre, la propreté ;
- Persévérant : extrêmement sensible aux critiques, devient suspicieux et donneur de leçons. Croit que seules ses opinions sont les bonnes ;
- Empathique : plus de confiance en soi, rit de soi de manière inappropriée, et invite la critique ;

- Rebelle : se montre négatif, se plaint. Adresse des « oui mais » aux autres et se met à blâmer les autres, les événements, les situations ;
- Rêveur : retrait long dans la passivité, plus d'initiative et projets qui ne finissent pas ;
- Promoteur : provoque des bagarres, ignore ou casse les règles et manipule les autres.

Taibi Kahler, Ph.D., *Séminaire Process Communication Management*, Taibi Kahler Associates, Inc., Little Rock, Arkansas, October 1982, 1996.

21. Au deuxième degré de stress, chaque type de personnalité montre une position de vie comportementale :

- Travaillomane et Persévérant montrent : « Je suis OK – Tu n'es pas OK » ;
- Empathique et Rêveur montrent : « Je ne suis pas OK – Tu es OK » ;
- Rebelle et Promoteur montrent : « Je suis OK – Tu n'es pas OK ».

Taibi Kahler, Ph. D., *Séminaire Process Communication Management*, Taibi Kahler Associates, Inc., Little Rock, Arkansas, October 1982, 1996.

22. Au troisième degré de stress, chaque type de personnalité envisage un bénéfice négatif final :

- Travaillomane : veut exclure ceux qui ne pensent pas clairement ;
- Persévérant : veut exclure ceux qui ne sont pas fiables ;
- Empathique : sent bien qu'on va l'exclure parce qu'on ne l'aime plus ;
- Rebelle : réagit avec : « Si tu me rejettes, je vais te montrer ! » ;
- Rêveur : attend qu'on lui dise quoi faire et se montre surpris quand il est exclu ;
- Promoteur : veut exclure ceux qui n'encaissent pas.

23. Quand une personne montre un *driver*, l'intervention efficace est d'utiliser le canal et la perception associés au type décelé dans le *driver*.

- avec « Sois parfait (pour toi) », utiliser le canal interrogatif et les pensées ;

- avec « Sois parfait (pour moi) », utiliser le canal interrogatif et les opinions ;
- avec « Fais plaisir (pour toi) », utiliser le canal nourricier et les émotions ;
- avec « Fais des efforts (pour toi) », utiliser le canal émotif et les réactions (j'aime/j'aime pas) ;
- avec « Sois fort (pour toi) », utiliser le canal directif et les inactions ;
- avec « Sois fort (pour moi) », utiliser le canal directif et les actions.

Taibi Kahler, Ph. D., *The Advanced PCM Seminar*, Kahler Communications, Inc., Little Rock, Arkansas, 1997.

24. Chaque phase de type de personnalité type a une problématique potentielle qui détermine si une personne changera ou pas de phase dans le cours de sa vie :

- Travaillomane : le chagrin lié à la perte ;
- Persévérant : la peur ;
- Empathique : la colère ;
- Rebelle : la responsabilité ;
- Rêveur : l'autonomie ;
- Promoteur : le lien.

Taibi Kahler, Ph. D., *The Advanced PCM Seminar*, Kahler Communications, Inc., Little Rock, Arkansas, 1997.

25. Chaque type de personnalité de base a un scénario avec une séquence d'échec observable dans les structures de phrases :

- Travaillomane et persévérant : « Jusqu'à » ;
- Empathique : « Après » ;
- Rebelle et promoteur : « Toujours » ;
- Rêveur. « Jamais ».

Certaines combinaisons de types de personnalité produisent les scénarios « Presque 1 » et « Presque 2 » pro et perso.

Taibi Kahler, Ph. B., Séminaire Process Communication Management, Taibi Kahler Associates, Inc., Little Rock, Arkansas, October 1982 ;

Taibi Kahler, Ph. D., *The Advanced PCM Seminar,* Kahler Communications, Inc., Little Rock, Arkansas, 1997.

26. Les quatre mythes sont : « J'ai le pouvoir de te faire te sentir bien » ; « J'ai le pouvoir de te faire te sentir mal » ; « Je crois que tu as le pouvoir de me faire me sentir bien » ; « Je crois que tu as le pouvoir de me faire me sentir mal. » Taibi Kahler, *Transactional Analysis Revisited,* Human development Publications, Little Rock Arkansas, 1978.

27. Le PTM (*Process Therapy Model®*) présente les mécanismes de défense du premier degré de chaque type :

- Travaillomane : rationalisation ;
- Persévérant : projection ;
- Empathique : internalisation ;
- Rebelle : déplacement ;
- Rêveur : dépersonnalisation ;
- Promoteur : séduction.

Taibi Kahler, Ph. D., *Transactional Analysis Script Profile (Guide for the Therapist),* Taibi Kahler Associates, Inc., Little Rock, Arkansas, 1997.

28. Le PTM *(Process Therapy Model®)* présente les rackets, jeux, et injonctions pour chaque type de personnalité, basé sur la recherche et produit à partir d'un inventaire informatisé.

Taibi Kahler, Ph. D., *The Transactional Analysis Script Profile,* Taibi Kahler Associates, Inc., Little Rock, Arkansas, 1997.

Remerciements

Merci à Sylvie Nélaton qui a toujours cru en ce projet plus que moi, ce qui m'a donné l'énergie de le mener à son terme. Merci pour sa relecture dont la valeur ajoutée est déterminante.

Merci à Gérard Collignon pour son soutien ainsi que pour le soin et le temps qu'il a consacrés à la relecture de mon manuscrit.

Christian Becquereau
becquereau@managis.com
www.managis.com

Bibliographie

Béatrice Bailly, *Enseigner : une affaire de personnalités,* Nathan.

A. Cardon, L. Mermet, A. Thiriet-Tailhardat, *Les Concepts clés de l'analyse transactionnelle,* Éditions d'Organisation.

Gérard Collignon, *Comment leur dire,* InterEditions.

Gérard Collignon, Pascal Legrand, *Coacher avec la Process communication,* InterEditions.

Marie-France Hirigoyen, *Le Harcèlement moral,* Syros.

T. Kahler, *Communiquer, motiver, manager en personne,* InterEditions.

Isabelle Nazare-Aga, *Les Manipulateurs sont parmi nous,* Éditions de l'Homme.

Alain Peyrefitte, *Quand la Chine s'éveillera,* Fayard.

www.ingramcontent.com/pod-product-compliance
Ingram Content Group UK Ltd.
Pitfield, Milton Keynes, MK11 3LW, UK
UKHW022058260726
13993UKWH00001B/194

9 782212 558074